CATALOGUE

DES

GENTILSHOMMES

DE GUIENNE

AGÉNOIS ET BAZADOIS

QUI ONT PRIS PART OU ENVOYÉ LEUR PROCURATION AUX ASSEMBLÉES DE LA NOBLESSE
POUR L'ÉLECTION DES DÉPUTÉS AUX ÉTATS GÉNÉRAUX DE 1789

Publié d'après les procès-verbaux officiels

PAR MM.

LOUIS DE LA ROQUE ET ÉDOUARD DE BARTHÉLEMY

PARIS

E. DENTU, LIBRAIRE | AUG. AUBRY, LIBRAIRE
AU PALAIS-ROYAL | 16, RUE DAUPHINE

1864

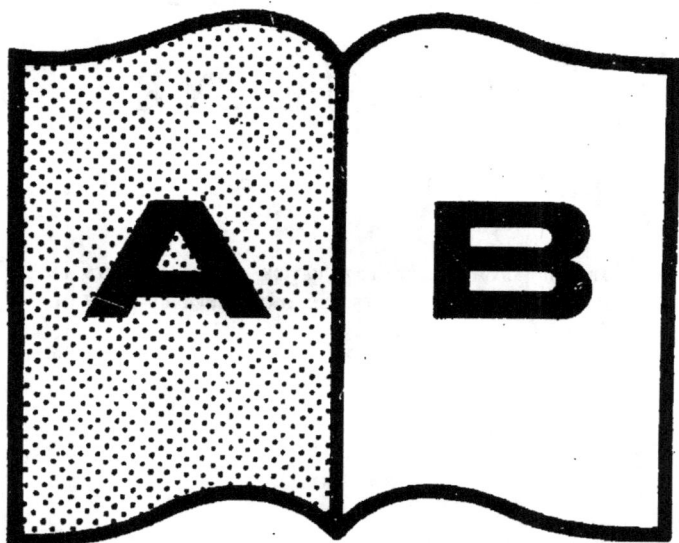

Contraste insuffisant

NF Z 43-120-14

AVERTISSEMENT.

La Guienne formait le plus grand gouvernement et la plus grande province du royaume. La juridiction de son Parlement s'étendait sur les quatre généralités de Bordeaux, d'Auch, de Limoges et de La Rochelle, divisées en treize présidiaux (1).

Son gouvernement militaire était borné au nord par la Saintonge, l'Angoumois et le Limousin; au midi, par les Pyrénées, le Béarn et la Navarre; à l'est, par le Languedoc et l'Auvergne. C'était à peu près l'étendue de l'ancien royaume ou duché d'Aquitaine, dont l'héritière Eléonore, répudiée par Louis le Jeune, en 1154, épousa, en 1154, Henri roi d'Angleterre et duc de Normandie.

La province ou duché de Guienne passa, par cette alliance, sous la domination anglaise, et ne fut réunie à la couronne que par la conquête de Charles VII, en 1451, après la défaite du général Talbot à Castillon en Périgord.

Louis XI, après la guerre du bien public, céda à son frère le duché de Guienne en 1469; mais après la mort du prince Charles, arrivée en 1472, le duché de Guienne fut définitivement réuni à la couronne.

Pendant les derniers siècles de la monarchie, la Guienne avait perdu ses franchises provinciales. Ses États particuliers n'avaient

(1) Les armes de Guienne étaient : « De gueule au léopard d'or. » Elles ont servi, avec celles de Normandie, à former le blason d'Angleterre

pas été réunis depuis 1589, malgré la réserve formelle de ses privilèges stipulée dans le traité de réunion à la couronne. Ce fut un des griefs permanents de la province. La Noblesse et le Parlement comprirent trop tard que l'esprit libéral de Louis XVI pouvait tout réparer.

Le Parlement de Bordeaux fut un des trois qui résistèrent à l'institution des Assemblées provinciales. Cette résistance provoqua les édits de 1788 qui précipitèrent la Révolution en voulant la prévenir.

La Guienne proprement dite était divisée en deux généralités : celle de la Haute-Guienne, dont le siége était à Montauban, en Quercy ; celle de la Basse-Guienne, qui avait son siége à Bordeaux, et qui comprenait dans sa juridiction financière : le Bordelais, le Périgord, l'Agénois, le Bazadois, le Condomois, les Landes et la Terre de Labour.

Le Condomois, les Landes et la Terre de Labour, plus connus sous le nom de pays de *Gascogne*, formeront, avec le *Béarn* et la *Navarre*, une livraison qui sera publiée prochainement.

La Basse-Guienne comprenait les départements de la Gironde, de Lot-et-Garonne, des Landes, et une partie du Gers et de la Dordogne.

Paris, le 5 décembre 1864.

CATALOGUE

DES

GENTILSHOMMES DE GUIENNE

AGÉNOIS ET BAZADOIS

SÉNÉCHAUSSÉE D'AGEN.

Procès-verbal de l'Assemblée générale des trois ordres (1).

12 mars 1789.

(*Archiv. imp.* B. III, 1, p. 103, 143 — 181.)

—

Jacques de la Fitte (de Laffitte) écuyer, lieutenant général de la sénéchaussée, commissaire du Roi, président de l'Assemblée générale des trois ordres.

Jean-Baptiste de la Boissière (de Laboissière), avocat du Roi, la charge de procureur du Roi vacante.

NOBLESSE.

Aubert-Jean-François-Géry d'Abzac, Sgr de Boissec, etc., officier de carabiniers.

(1) Nous croyons devoir faire observer qu'un certain nombre de familles nobles on pu ne pas figurer dans les assemblées de l'Agénois, de la Guienne et du Bazadois pour cause d'absence, de maladie ou d'abstention.

Cette liste a été collationnée sur le procès-verbal de l'Assemblée des trois ordres imprimé à Agen chez la veuve Noubel, imprimeur du Roi et du pays d'Agénois, rue Garonne, 1789. (*Archiv. imp.*) Elle a été revue sur la publication faite par M. de Courcelles. *Dictionnaire de la Noblesse*. 1821, t. IV, p. 246-256.

— Dame Marie-Anne d'Abzac, épouse de Jean-Joseph de Fumel, comte de Montégut (Monségur).

Léon d'Aiguières.

Louis d'Albert de Laval.

— Louis d'Albert de Laval père, Sgr de la Barthe.

— Jean-Baptiste d'Albessard, ancien avocat général au parlement de Bordeaux, Sgr d'Hautesvignes.

Germain Dalcher Desplanélles (d'Alcher Desplanels).

François d'Andrieu, ancien officier.

— Armand d'Augeard, baron de Virazel, président à mortier au parlement de Bordeaux.

Jean-Antoine d'Aurout, chevalier de Saint-Louis.

— Pierre d'Aurout, Sgr de la Serpente.

Pierre-Blaise-Bernard d'Auzac, chevalier de Saint-Louis, ancien capitaine au régt de Périgord.

— Pierre-Vincent Dauzac (d'Auzac), Sgr de la Salève.

— Demoiselles Marie et Françoise Dauzac, Sgresse de Crambols.

Joseph d'Aymard d'Albi (Dalbi), comte de Châteaurenard, brigadier des armées du Roi, Sgr de la baronie de Causac, etc.

Joseph-François de Baillet, lieutenant des maréchaux de France.

— Isaac de Baillet, son frère, chevalier de Saint-Louis, baron de la Perche.

Pierre de Balguerie, Sgr de Galapian.

Guillaume de Ballias, chevalier de Laubarède, commissaire des guerres.

Jean-Marc-Antoine de Bap, garde du corps.

Charles-César Barbier de la Serre (de Lasserre), Sgr de Goulens, etc.

— Joseph-Antoine de Barret, conseiller à la Cour des aides de Bordeaux, comte de Lavedan.

— Diane-Geofrine de Baschi, veuve de François de Monestey, marquis de Chazeron, etc.

Jean-François de Baulac.

Bernard de Baulac.

Jean-Clément de Bayle.

— Marie-Anne Baylet de Berdolle, Sgr de Goudourville.

Jean de Bazon, baron de Baulens, titré comte.

Jean de Bazon, baron de Baulens, etc., titré comte de Bazon, chevalier de Saint-Louis.

Jean de Beaumont de Beaujoly, Sgr dudit lieu, capitaine d'artillerie.

Antoine-François de Beaumont, commandeur de Saint-Louis et de Saint-Lazare.

Joseph Beauredon-de-Rives de Cambes (Bosredon).

Raginaud de Béchon, Sgr de Caussade, lieutenant des maréchaux de France.

— Jean-François de Béchon, Sgr de Caussade.

Joseph Balarché de Bonassiés, chevalier de Saint-Louis.

— Léonard de Bellecombe, maréchal de camp, ci-devant commandant pour le Roi dans l'Inde et son gouverneur général.

Charles-Raimond de Bérail, Sgr de Roquefere.

— François de Béraud, Sgr baron de Cavar.

François-Cyprien de Berlin de Boyer.

— François de Bertrand, Sgr de Crozefond, ancien officier au régt de Champagne.

Etienne Bideran de Saint-Sernin, officier au régt de Piémont.

— Charles de Bideran de Saint-Sernin, chevalier de Saint-Louis.

Bernard de Blanchaud, co-Sgr de Saint-Sulpice.

Joseph de Bonnafoux, chevalier de Saint-Louis.

Jacques de Bonnal, Sgr de Bonnal.

Jean-Jacques de Bonnefon, Sgr de Cardelus et de Rives.

Antoine de Bonnefoux.

Jean-Pierre de Bonnefoux de Bonneval, Sgr de la Croze, etc.

— François de Bony, Sgr de Saint-Paul, etc.

— Dame Guillaumette-Françoise de Bosredon, Sgresse de Bessanes, etc.

Antoine de Boubillon de Laprade.

François Boudon de Pompejat, Sgr dudit lieu.

— Marc-Antoine Boudon de la Combe (de Lacombe).

Jean-Florimond Boudon de Saint-Amans, Sgr de Saint-Amans.

Louis-Jean-Baptiste de Boulac, chevalier de Saint-Louis.

François de Boulin.

— Dame Marie-Anne de Bourran, veuve, Sgresse du Rodier, etc.

Joseph de Bourran, baron de la Court, etc. (de Lacourt).

— Dame Louise de Bousquet, épouse de Jules-César de Véronne.

— Jean de Boutier de Saint-Sernin.

Jean Boutier de Saint-Sernin, Sgr de la Lande et de Najejouls.

Jean-Baptiste de Bressolles.

Jean de Bressolles, garde du corps.

Benoît de Brie de Teyffon, Sgr de Theobon, chevalier de Saint-Louis.

Pierre Bruyère, Sgr de Roquadet, capitaine d'infanterie.

Philippe-Jean-Baptiste de Buffault.

Joseph-Paul de Cadot d'Argeneuil, chevalier de Saint-Lazare.

François de Cadot d'Argeneuil, officier d'infanterie.

Jean de Cadot d'Argeneuil.

— Jeanne de Calvimont, veuve du baron de Saint-Martial.

Joseph-Ambroise de Camas, Sgr de Gamot.

— François de Canolle, Sgr de Bourlens.

Antoine de Carabelles.

Marc Carbonnié, chevalier.

François-Louis, chevalier de Carbonneau, Sgr de Fontcouverte, etc.

— Jean-Charles de Carmentran, baron d'Espalais, officier d'infanterie.

Jean-Baptiste de Cassius, garde des sceaux près le Parlement de Bordeaux, Sgr de Bailles.

Jean-Jacques de Caussonne, chevalier de Saint-Louis, Sgr de Foucrabières, ancien brigadier des Gardes du corps du Roi.

Joseph de Cazeaux, officier d'infanterie.

— François de Cazettes du Verger, chevalier de Saint-Louis, co-Sgr de Bourlens.

Jean-Louis de Chamboret, Sgr de la Mothe-Souveraine.

— François de Chamboret, Sgr baron de Viars, conseiller du Roi, juge de Perne.

Joseph-François de Champier, chevalier de Saint-Louis, ancien capitaine de Grenadiers au régt de Bourbonnais.

— Madame de Champier, épouse de Louis-Joseph de Saint-Michel.

— Jacques-Gabriel de Chapt, comte de Rastignac, etc.

Pierre de Charry, Sgr de Duron et de Piot.

— Jean-Baptiste de Chassarel, écuyer, Sgr de Colombier.

Etienne Chaupin de la Bruyère, Sgr de la Bruyer, etc.

Timothée Chevalier, Sgr Descages, ancien chevau-léger de la garde du Roi.

— David-Jacob Clock, baron de Longueville.

— Jean de Comarque, Sgr de Couys.

Gabriel de Comarque, Sgr de Barrau.

— Mathias de Comarque, baron de Camparneau.

— Jean-Baptiste de Condom, chevalier de Saint-Louis, commandant de bataillon au régt de Normandie.

Marc-Antoine de Coquet, chevalier de Saint-Louis, Sgr de Brazalein, etc.

Jean-François de Cours, Sgr de Malromé, etc.

— Jean-François comte de Cours, son père.

Alexandre de Cours.

— Pierre de Cousseau, ancien garde du corps.

Jacques-François-Ignace Dales de la Tour, Sgr de Férussac, etc.

Marc-Antoine Dangeros de Castel-Gaillard, Sgr de Castel-Gaillard.

Joseph Dangeros.

— Jean-Baptiste Daubert de Peyrelongue, capitaine au régt du Roi.

Philippe Daurée, Sgr de Prades.

Julien de Davach, Sgr de Saint-Phelip, chevalier de Saint-Louis.

Antoine Debans de Saint-Georges.

— Georges Debans, son frère, Sgr de Caillabet.

Etienne Decours (de Cours) de Thomazeau.

Pierre-David Delard de Campagnac, chevalier de Saint-Louis, Sgr de las Combes.

Paul Delard, Sgr de Valages, chevalier de Saint-Louis.

Alexis Delard, Sgr de Trescol.

François Delard de Penne.

Charles Delard de Bordeneuve.

Charles Delard de Bordeneuve, chevalier de Saint-Louis.

Charles Delard de Rigoulières, Sgr de la Mespoule.

Marc-Charles Delard de Bordeneuve, chevalier.

— Charles Delard de Rigoulières.

Pierre-Bernard Delas, Sgr du Grès.

Jean Demestre, Sgr de Verguassade.

— Paul Desclaux, Sgr de Latané.

— François Descorailles (de Scorailles), Sgr de Saint-Gruère.

— Jacques, comte de Descorbiac (de Scorbiac), Sgr de la Mothe.

— Marguerite Descorbiac, baronne de Saint-Martin de Roucfs.

Bernard-Joseph Deshoms de Favols, Sgr de Favols.

— Jean-François Deshoms de Favols, Sgr de Bias.

— Louis-Joseph Digeon, Sgr de Tramat, etc.

Jean-Baptiste Dordaygue, Sgr de Cazideroque.

Gratien-Ambroise Dordé, chevalier, Sgr de Saint-Bauzel.

Louis Dordé de Coutures de Saint-Maurin.
Louis Dorniac.
Pierre-Léon Drouilhet de Sigalas.
Antoine Dubedat de Sabaros.
Joseph Dubosquet, Sgr de Caubeyre.
— Victor Ducarla, ancien garde du Roi.
Léon Ducros.
Antoine Ducros.
Jean-Pierre Duchanin (du Chanin), Sgr d'Espalais.
Henri-Eugène Duchanin.
Jean Duchanin, capitaine de cavalerie et garde du corps du Roi.
— Dame Catherine Dufau, veuve de Bernardin de Monméjan.
— Dame Catherine Dugravier (du Gravier) de Gayraud.
Jean Dugravier, chevalier de Saint-Louis, Sgr de Fages.
Jean-François Dugros, Sgr de Lassalle.
Jean-Henri Dulion (du Lion) de Gasquès.
— Dame Marie-Anne Dulion de Gasquès, veuve de Joseph d'Audebard de Férussac.
Armand-Désiré Duplessis-Richelieu, duc d'Aiguillon, pair de France, comte d'Agenois et Condomois.
— Dame Marguerite Dupuy, veuve de Jean de Barrail.
Jules-César Durand de Carabelles.
Jules-César Durand de Carabelles, officier au régt d'Agénois.
Jean-François Durand de Carabelles.
Antoine Durieu de Meynadié, chevalier, Sgr de Meynadié.
— Pierre Dutrevay (du Traivay), Sgr de Charvail.
Charles-François d'Ebrard du Rocal, Sgr dudit lieu.
— Demoiselle Marie-Anne d'Ebrard de la Bourdette (de Labourdette.)
— Alexandre d'Egals, ancien officier de cavalerie, Sgr de Faudan, etc.
Jean, comte d'Estuc (Destut) de Solminiac, capitaine de cavalerie au régt Dauphin, sire marquis de Tombebœuf.
Pierre-Jean, vicomte d'Estut de Solminiac, capitaine de cavalerie, Sgr de Saint-Pardon, etc.
Jean-Henri-François d'Eytier, ancien officier d'infanterie.
— Etienne d'Eytier, Sgr de Calusse, ancien capitaine.
Antoine de Fabre, Sgr de Courtade.
— Jean Fabre, Sgr de Pareyre.
Pierre-François de Fauré (Defaure) d'Audibran, Sgr de Mondoux.
— Paul Fazas de la Boissière (de Laboissière.)
François-Théodore de Ferrand, officier de dragons.
Jean de Ferrand de Montignac de Lauzun.
— Dame Elisabeth de Ferrand, veuve de François de Ruat conseiller au parlement de Bordeaux.
— Dame-Marie Filhot Deschimbaux, veuve d'Antoine Jacouhet, conseiller à la Cour des aides.
— Dame Elisabeth Fiton, veuve de Jean de Raffin, chevalier de Saint-Louis.
— Joseph de Fleurans, Sgr d'Aiguesvives.

Louis-Bertrand-Joseph, chevalier de Foissac.

— Jean-Francois de Fontarget, Sgr d'Autefage, etc.

Etienne de Forcade.

Pierre Fournié de Saint-Amant, Sgr de Moutet, Bennet, etc.

— Jean Fournié de Saint-Amant, son père, Sgr de Calviac, etc.

— Pierre Fournié de Saint-Amant, Sgr de Saint-Hilaire.

— Dame Marie-Anne Foy de Cadrieu, comtesse de Guiscard.

Antoine-Charles Frizel de Villas, Sgr de Tantare, etc., chevalier de Saint-Louis.

Philibert de Fumel, marquis de Fumel-Monségur, maréchal de camp, lieutenant-général de la province de Lyonnais.

— Jean-Joseph de Fumel, son père, marquis de Montviel.

François-Louis de Fumel, comte de Monségur, etc.

— Joseph, comte de Fumel, lieutenant général des armées du Roi, commandant en chef la province de Guienne.

Jean de Fumel, Sgr de Roquebrune.

— Bernard-Sylvain de Fumel de Lassalle.

Bernard-Bonaventure de Fumel, Sgr de Roquebrune.

Michel de Galard-Clermont-Dessus, Sgr de Lassalle-Bertrand.

Jean, vicomte de Galard, Sgr de Saldebru, etc., chevalier de Saint-Louis.

— Madame Adélaïde de Galard de Brassac, comtesse d'Agmé et de Feuillet, gouvernante des enfants de Mgr le comte d'Artois, veuve du comte de Caumont, marquis de la Force.

Jean-Baptiste de Galaup, Sgr de Marès.

Thomas-Mathurin Galibert de Saint-Avit, maréchal de camp.

Pierre-Michel, chevalier de Gasq.

— Marie-Joseph de Gasq, son frère.

Pierre de Gaucher, Sgr de Calviac.

Gratien de Geniès de la Poujade (de Lapoujade) de Langle.

— Dame Henriette de Gervain de Roquepiquet, veuve de Louis de Bérail, Sgr de Gibel, capitaine au régt de Médoc.

— Pierre de Gervain de Roquepiquet, baron de Verteuil et Coutures.

— Marc de Gironde, marquis de Gironde, Sgr de Saint-Quentin, etc.

— Jean-Baptiste de Gironde, brigadier des armées du Roi.

Gilbert de Gironde, colonel du régt de Vienuois, Sgr de la Giscardie, comte de Gironde.

Jean-Octavien de Gironde.

— Jean-Octavien de Gironde, chevalier, marquis de Monclar, baron de Roquecor.

Antoine-Etienne de Godailh, Sgr de Saint-Caprais de la Roquette.

— Sébastien de Godailh, Sgr de Meyrade.

Jean de Godailh, Sgr de Curemaure.

Jean-Antoine de Godailh, de Saint-Caprais.

— Joseph de Gombault de Razac, chevalier d'honneur au parlement de Bordeaux.

— Arnaud Grenier de Malardeau, chevalier de Saint-Louis, baron de Saint-Léger.

— Jean de Grenier, Sgr de Pechgrès, etc.

— Dame Elisabeth Grillon de Mothes, veuve de Joseph de Sevin, Sgr de Pessiles.

Jean de Grillon de Mothes.

Arnaud Gripière de Moncroc, Sgr de Rence.

Agésilas-Joseph de Grossolles, marquis de Flamarens, baron de Montastruc, maréchal de camp, lieutenant général de Saintonge et pays d'Aunis, commandant en Bigorre, comte de Bouliagnu, Sgr de Buzet, Thouars, La Barthe, etc.

Armand-Jean-Pierre de Guérin, chevalier, Sgr de la Chèze et de Teule, lieutenant-colonel au régt d'Armagnac.

— Jean-Pierre-Armand de Guérin, son père, ancien officier d'infanterie.

Jean de Guilhem de Lansac, Sgr dudit lieu et de Galau, officier d'infanterie.

— Joseph de Guionnet, conseiller au parlement de Bordeaux.

— François d'Hébrard, Sgr de Cadrès, etc.

Jean-Barthelemy Hector, Sgr de Monsenot.

— Antoine Labarthe de la Moulière.

Pierre-Charles de Labastide, Sgr dudit lieu.

— Dame Catherine de Labastide, veuve de Gabriel de Galaup, Sgr de Monibal.

René-Côme Labat de la Peyrière, ancien mousquetaire.

— Bernard de la Borderie de Malabal, ancien officier d'infanterie, Sgr de Bouleau (de Laborderie).

François de la Borie (de Laborie), Sgr de Saint-Sulpice, etc.

— De la Cepède, Sgr dudit lieu.

Jean-Nicolas de la Claverie, marquis de Sainte-Colombe, Sgr de Brax, etc. (de Laclaverie).

Jean-Chrysostome-Barthélemy de la Crosse, Sgr du fief de la Grace (de Lacrosse).

Claude-Simon de la Cazé du Tiers, Sgr baron du Castella, etc. (de Lacaze).

— Félix de la Caze, Sgr du Thiers (de Lacaze).

— Pierre-Henri de Lacaze, Sgr de Castel-Sagrat.

François de la Fabrie (de Lafabrie), Sgr de la Sylvestrié, etc.

Jean-François de la Fabrie de la Sylvestrie, fils.

Joseph de la Gardelle, Sgr justicier de la terre de Malherbe (de Lagardelle).

Barthélemy de la Jaunie (de Lajaunie), Sgr de la Jaunie.

Charles-Marie de Lafon, Sgr de Cujula.

Guillaume de la Fond (de Lafon).

Laurent de la Fond l'aîné (de Lafon).

Jean-François de la Grange (de Lagrange).

— François de la Grange, maire de Puimirol, Sgr de Fillou (de Lagrange).

— Dame Jeanne de la Lande, veuve de Raimond de la Lande, conseiller au parlement de Bordeaux, marquis de Castelmoron (de Lalande).

— Charles-François comte de Lameth, marquis de Clermont.

Joseph de Lamothe-Vedel, Sgr de Lostelneau.

Jean-André-Michel-Marie de Lamouroux, Sgr de Pleneselve.

Gérard de Lanau.

Jean de Lanauze.

— Dame Pétronille de la Ramière de Scoraille, Sgresse de Lamothe.

— La dame Louise-Elisabeth de la Rochefoucauld, duchesse d'Anville et de la baronie de Cahuzac, veuve de Mgr de la Rochefoucauld.

André de Laroche-Monbrun, Sgr de Tuquet, etc.

Joseph-Abdon, chevalier de La Roche-Monbrun.

Jean-François-Martial-Antoine Lartigue de Bassabat, Sgr de la Brande.

— Armand, comte de Lau, marquis de Lusignan, etc.

Joseph de Laurière de Moncaut, Sgr du Bousquet, chevalier de Saint-Louis.

Claude de Laurière, Sgr baron de Moncaut, etc.

— Jean de Lause, vicomte de Plaisance.

Joseph-Albert de Laval, chevalier de Saint-Louis, Sgr de Laval, etc.

— Paul-Armand de Lavie, Sgr de Moulinet, etc., président à mortier au parlement de Bordeaux.

Pierre-François de la Ville (de Laville) de Marsillac, Sgr de Pareyre.

Joseph-François de Lécussan, Sgr de Lécussan.

Paulin-François, chevalier de Lécussan, officier au régt d'Aunis.

Etienne de l'Eglise de la Lande, capitaine des grenadiers au régt de Champagne (de Léglise de Lalande).

— Pierre de l'Eglise de la Lande, père, chevalier de Saint-Louis, ancien capitaine au régt de Champagne, Sgr de Moirax (de Léglise de Lalande).

Arnaud de Léotard de la Fage (de Lafage).

Pierre de Léotard, Sgr de Borne, chevalier de Saint-Louis.

Pierre Lesparre.

Jean-Barthélemy Lhulier.

— Marie Littée, veuve de messire de Cours.

— Jean-Pierre de Longueval, chevalier de Saint-Louis, Sgr de Lauguerie, etc.

Fortix de Lugat, Sgr de Paradoux et Gamet.

François de Lustrac de Canabazès, Sgr de Canabazès, la Bastide, etc.

Antoine de Malateste, Sgr de Jambon.

— Bernard de Maleprade, Sgr de Belestat.

Jean Marquet du Gravier, Sgr de la Goulaye, etc.

Joseph Martel de la Galvagne.

— Charles de Masparault, Sgr de Ferassou.

— Dame Elisabeth de Masquard, veuve de Bernard de la Clergerie (de Laclergerie), Sgr de Fournier.

— Pierre de Massac, Sgr des Fosses.

François-Paul de Mellet, Sgr de Monbalen.

— Joseph Mercier de Sainte-Croix, Sgr de Fontcravières.

— Pierre Merle de Massoneau, Sgr de Lunac.

Jean-Raimond de Missandres, Sgr de Pécaubel.

Guillaume Millac de Croizac.

Louis-Emmanuel de Montezun, Sgr du Pech de Lestelle.

Henri-Ignace, comte de Montalembert, Sgr et comte de Cours.

Pierre de Montalembert, Sgr d'Escoute.

Louis, chevalier de Montalembert, Sgr de Meure.

— Pierre de Montalembert, Sgr de Catus, chevalier de Saint-Louis.

— Dame Jeanne de Monteil, veuve de Jean-Bernard de Montpezat, mère de Géraud de Montpezat.

— Pierre de Montpezat, Sgr de la Tuque (Latuque).

Géraud de Montpezat, Sgr de Saint-Jean, etc.

Bernard de Montpezat.

François de Mothes, Sgr de Blanche, chevalier de Saint-Lazare.

François-Bernard, chevalier de Mothes, capitaine au régt de Beauvoisis, chevalier de Saint-Lazare.

Claude de Narbonne-Lara, capitaine au régt Royal-infanterie.

Nicolas de Neymet.

— Dame Dorothée de Neymet, veuve de messire de Boche.

— Dame Elisabeth de Paloque, veuve de Jean-Louis de Persy, Sgr de Mondésir.

Gabriel de Passalaigue de las Crozes.

Louis-Gabriel Passalaigue de Secretary, ancien capitaine commandant en chef de la Dominique, chevalier de Saint-Louis.

— Gabriel de Passalaigue de Secretary, officier au régt d'Auxerrois.

— Léonard de Paty, baron du Rayet, etc., conseiller au parlement de Bordeaux.

Charles de Paulin (Poulain), chevalier de Tremons.

Louis de Pechon, Sgr de Pechon.

Louis de Persy, Sgr de Cambès.

— Dame Clémence de Persy de Mondésir, veuve de Marc de Bideran, chevalier de Saint-Louis.

— Daniel-Jacques-Mathieu de Peyferié, Sgr de Toranat.

— Jean-Baptiste Picot, chevalier de Saint-Louis, marquis de Clermont-Dessus.

Jean-Joseph de Pontajon, Sgr de la Chapelle Trenteils, etc.

— Henri de Puch, comte de Soumensac.

— Armand-Augustin de Ralin, marquis d'Auterive.

Jean-Gabriel de Raignac, chevalier, co-Sgr du fief d'Artigues, garde du corps du Roi, capitaine de cavalerie.

— Gaston-Jean-Baptiste-Joseph de Raignac, baron de Frespech, conseiller au parlement de Bordeaux.

— Joseph-Marie de Raignac, aîné, Sgr de la Maurelle, mineur.

Jean-Baptiste de Rangouse, officier au régt de Piémont.

Jean-Chrysostome de Rangouse, Sgr de Beauregard.

Jean-Joseph, comte de Raymond, Sgr de la Garde.

Marc-Antoine de Redon, baron de Mansonville, chevalier de Saint-Louis, pour lui et pour son père, Charles, marquis de Redon, colonel du régt de Metz.

— Marc-Antoine de Redon de Monplaisir.

Sébastien de Redon des Fosses, Sgr dudit lieu, baron de Mansonville.

Jean-Caprais de Rence, chevalier, baron de Cadrès, ancien officier de cavalerie.

— Hyacinthe-Dieudonné de Rence, Sgr de Châteauvieux.

Jean de Rey, fils.

— Pierre de Rey, son père.

— François Rey de Bonneval, chevalier de Saint-Louis, Sgr de Feugnes.

— Antoine de Reyre de Paloumet.

Jean-Baptiste de Rigal, officier d'infanterie, Sgr de Massanès.

Jean-François de Rimonteil.

Claude de Rissan, Sgr du Pont.

Louis-Armand-Marie de Rissan.

Louis-Elisabeth de Rissan, Sgr de Franc et de Barreaux.

Claude-Victor, chevalier de Rissan, Sgr de Peredon et de Jouany, major d'artillerie.

Jean-Baptiste de Robert.

René-Mathias Rocherand de la Roche, Sgr de la Gange (de Laroche de Lagrange).

Pierre de Rossanne.

— Jean-Louis de Rossanne, Sgr comte du Fleix, Sgr des Ondes, etc.

Barthélemy Roux.

Jean Sabaros de la Motte (de Lamothe).

— Henri de Sabat, *aliàs* Saubat, Sgr de Trieux.

Jean-Etienne de Saffin, Sgr de Monac et Larrouy.

Claude-Gratien de Saint-Gilis de Grave, Sgr de Brax et de Grave.

Jean-Henri de Saint-Gilis, Sgr de Martel.

Louis-Joseph de Saint-Michel, Sgr de Breauval, officier d'artillerie.

François-Fidèle de Sansac.

— Dame-Françoise de Sarrau d'Arasse, veuve de Géraud de Fontirou, Sgr dudit lieu.

Jean-Baptiste, comte de Sarrau.

— Bertrand Sarrazin de Caillade.

— Dame Thérèse de Saubat, épouse de Michel Dugout, Sgr de Reveille.

Godefroy de Secondat, baron de Roquefort, Sgr de Saint-Marcel, etc., chevalier de Saint-Louis, ancien capitaine de cavalerie.

Jean Senigon de Rousset.

François Senigon de Rousset-Ducluseau de Romefort, fils, officier au régt Dauphin-infanterie.

Pierre-Thérèse-François-Xavier de Sevin, chevalier de Malte, capitaine d'infanterie.

Jean-Chrysostome de Sevin, chevalier, Sgr de Segognac, etc., capitaine de dragons.

Antoine Sibault de Saint-Médard.

— Paul de Singlande, Sgr de Naux.

— Pierre de Solminiac, Sgr de Saint-Barthélemy, etc., père du marquis de Tombebœuf (Destut de Solminiac).

François du Sorbier (Dusorbier).

— Gabriel-Marie de Talleyrand-Périgord, comte de Périgord, baron de Beauville, etc., lieutenant général des armées du Roi, commandant en chef de la province de Languedoc.

Joseph-Thomas, marquis de la Barthe (de Labarthe).

Hugues-Josué de Témines, chevalier de Saint-Louis, capitaine au régt d'Aunis (Lauzières-Thémines).

Pierre-Hugues de Témines, ancien officier d'infanterie.

Jean-Charles These de Delfin, ancien lieutenant colonel d'infanterie, chevalier de Saint-Louis.

— Jean-Baptiste, marquis de Timbrune, lieutenant général des armées du Roi, grand-croix de l'ordre de Saint-Lazare.

— Sylvestre de Timbrune, comte de Valence, lieutenant général des armées du Roi, marquis de la Capelle-Biron.

Gratien-Claude de Tournade.

Jean-Baptiste Trefon.

— Louis-Honoré de Valence (Timbrune), marquis dudit Valence et autres lieux.

François de Varennes, chevalier de Saint-Louis.

Jean de Vassal.

Jean Vassal de Montviel.

Joseph de Vassal de Montviel.

Charles-Jean-Louis de Vernejoul.

— Jean de Vezins, Sgr du Rodier.

Jean-Pierre de Villatte, Sgr de Frégimont.

Se présentèrent dans les séances suivantes :

(p. 226 – 485.)

Pierre Balguerie, Sgr de Galapian.

Guillaume de Ballias, chevalier de Laubarède, Sgr de Touvenac et de Montagut, commissaire des guerres, pour Guillaume-Benoît Ballias Galaut, commissaire de la marine, pensionnaire du Roi, et pour Jean-Baptiste-Romain Ballias de Soubran, commissaire des guerres, ses frères.

Gilles-Victor-Honoré de Bardouin, chevalier, Sgr comte de Sausac, marquis de Pardaillan, baron d'Allemans, etc.

Pierre-Crespin Baret de Nazaris, Sgr de Nazaris, ancien capitaine de cavalerie.

Jean de Bazon, pour François de Bazon, son frère.

Bernard de Blanchaud, Sgr de Saint-Sulpice, pour Charles-Alexis Brulart, marquis de Sillery, comte de Castelnau.

Joseph de Bourran de Royer, pour Pierre de Bourran, chevalier, Sgr de Montayral.

Jean-Antoine de Brons, chevalier, vicomte de Brons, Sgr de Cezerac, colonel d'infanterie, aide maréchal général des logis des armées du Roi, commandant des ville et pays de Libourne.

Joseph-Clément de Bruet, comte de Bruet, chevalier de Saint-Louis, gouverneur de la ville de Saint-Antonin en Rouergue.

François-Louis de Carbonneau, chevalier, pour Charles de Malvin, chevalier, marquis de Montazet, maréchal de camp.

Marc-Antoine de Coquet de la Roche-Monbrun, pour dame Élisabeth de Boulogne, épouse du sieur de Clairfontaine.

Pierre-Léon Drouilhet de Sigalas, pour Jacques-Joseph de Couloussac, prieur de Saint-Caprais, Sgr de Campagnac.

Antoine Ducros, pour Marc-Bertrand-François Lassus de Nestier, conseiller au parlement de Toulouse, baron de Labarthe.

Emmanuel-Félicité de Durfort de Duras, duc de Duras, pair et maréchal de France, gouverneur de la Franche-Comté, chevalier des ordres du Roi et de la Toison d'or, premier gentilhomme de la chambre du Roi.

Claude-Simon de Lacaze, baron de Castella, pour Joseph de Lacaze, Sgr de Peyrussas.

Charles-Joseph de Lafont de Monplaisir, écuyer, Sgr de Labastide.

François de Lassalle, Sgr de la Prade.

Julien de Maccarthy, comte de Maccarthy, Sgr baron de Lévignac.

Simon-Pierre Merle de Massonneau, Sgr de Lunat, etc.

Louis-Armand-Marie de Rissan, pour Daniel de Laporte, Sgr de Pauliac.

SÉNÉCHAUSSÉE DE BAZAS.

Procès-verbal des séances de l'Assemblée des trois ordres (1).

19 février 1789.

(*Archiv. imp.*, B. III, 25, p. 9, 86-89.)

NOBLESSE.

Charles-Antoine de Piis, chevalier, Sgr de Puibarban, et Bassane, sénéchal d'épée du Bazadois.

Le baron de Castelnau d'Auros, secrétaire de la noblesse du Bazadois et conseiller du Roi en son parlement de Guienne.

Aubert de la Roche.	Bousol.
Baritault du Carpia.	Boysset.
De Bastrate.	Brethous de Castelnau.
Bonneau de Madaillan.	— Le marquis de Calvimont.
Bonneau de Madaillan.	— De Camiran.
Borrit.	De Casmont fils.

(1) Le procès-verbal de l'assemblée des trois ordres ne donne pas les noms des membres de la noblesse. La liste que nous publions a été prise sur les signatures du *Mandat de la noblesse de la sénéchaussée du Bazadois.* (B. III, 25, p. 73-89).

— Le comte de Châlon.
De Comarque.
Le chevalier Delpy de la Roche.
Deniac (de Niac).
Le chevalier Dubois-Dufrêne.
Dubois de Sainte-Gemme aîné.
Dubois de Sainte-Gemme.
Dufour-Labadie.
Dunoguès (de Noguès).
De Fabas.
De Fillol.
De Forcade.
— Mme de Gères de Louppes.
Le chevalier de Gombault.
— De Gombault père.
Le chevalier de Grenier.
De Grenier.
Groc d'Uzeste.
Joly de Sabla.
Joly de Bonneau.
Laboyrie de Prunet.
Laboyrie de Prunet.
— De Laboyrie.
De Lagorce.
— Mme de Lalande.
— Le marquis de Lansac.
La Vaissière de Loubens.
La Vaissière de Verduzan.
De Ligardes.
Lugat.
Malescot.
Le chevalier de Malescot.

Le chevalier de Marbotin.
— Mme la comtesse de Marcellus.
De Menou père.
De Menou, lieutenant-colonel du régt d'Auvergne.
Le chevalier de Menou.
Mirambet.
Mirambet-Marenne.
Le chevalier de Monbreton.
De Mondenard.
De Montalier de Borie.
Monnereau.
De Pelet d'Anglade fils.
— Mme de Pelet d'Anglade.
Peyrusse.
Peyrusse-Donissan.
De Pichard.
Pichard de la Tour.
— Le président de Pichard.
Le chevalier de Piis.
— Le vicomte de Pontac.
Rayne.
— La marquise de Roffiac.
Rolle de Babissac.
Sangosse.
Seguin.
— Le président de Speus.
De Suère.
De Tamaignan.
Uzard.
Le chevalier Uzard.
— De Verthamon.

Assemblée du 28 septembre 1789.

Cette assemblée, convoquée pour la nomination d'un député suppléant, refusa d'y procéder en se fondant sur le règlement du 3 mai 1789. Ce règlement, ajoute le procès-verbal, veut qu'il n'y ait de suppléant nommé qu'au cas de mort des députés (p. 132).

Baritaut du Carpia.
Bonneau de Madailhan.
Casmont.
Le baron de Castelnau d'Auros.
Desniac (de Niac).
Dubois de Sainte-Gemme.
Dufour de Labadie.
De Fabas.

Le baron de Gamies.
Le chevalier de Grenier.
Laboyrie de Prunet.
Malescot.
Le chevalier de Marbotin.
Marenne.
Mirambet.
Mirambet.

Monnereau.
Montalier de Borie.
De Noguès du Mirail.
Peyrusse.

Pichard-Cauvignac.
Pichard de la Tour.
Rolle de Mallessac.
Le chevalier de Malescot.

SÉNÉCHAUSSÉE DE CASTELMORON.

Procès-verbal de l'Assemblée générale des trois ordres (1).

16 mars 1789.

(*Archiv. imp.* B. III. 42, p. 49, 58-67, 110-114.)

Pierre-Hippolyte de Bignon, conseiller du Roi, lieutenant général de la sénéchaussée d'Albret, siége royal de Castelmoron.

NOBLESSE.

— La dame de Belcier, veuve du sieur de Guerce, Sgresse de Lespare ou Lespait.
— De Belcier de Craine, baron de Villefranche et Lonchac.
Le marquis de Calvimon, Sgr de Montaigne et Lalande.
De Carles de Trajet.
— Le comte de Chalon, baron de Puynormand et de Franc.
Le chevalier de Chalon, son frère.
— Le marquis de Comarque.
— Depaty (de Paty), chevalier, Sgr de Tauyan.
Depuch de Monbreton, Sgr de Villepreux.
Depuch, Sgr de la maison noble de Cugat.
Depuch de Montbreton.
— La dame Depuch Destract, veuve du sieur Destract, Sgr de Lugagnac.
Dislet de Lalande, Sgr de Lamothe-Nivelle.
Dupuch (du Puch) d'Almagnac, major d'infanterie.
Gaboriaud de la Tour.
— Le comte de Galard-Béarn, baron de Lamothe-Landerron.
— De Gereaud, Sgr de Sepes.
De Lacombe, Sgr de Puygueyran.
De Lanouaille, Sgr de Labatut.
— Le chevalier de la Vaissière, Sgr de Verduzan.
— La demoiselle de la Vaissière, Sgresse de la maison noble de Cachicot.

(1) Revu et collationné sur la minute du procès-verbal. (B. a. IV, 38.)

— De L'Etang, Sgr de la Forêt.

— Le marquis de Malet de Roquefort.

Le baron de Malet, son fils.

— Le baron de Monbadon, Sgr de la terre dudit lieu.

Le chevalier de Monbreton.

— Le chevalier de Piis, Sgr dudit lieu et co-Sgr de la Mothe-Landeron.

Le comte de Puyqueyra, secrétaire de l'ordre.

— De Raymond de Sallegourde, Sgr de Rions.

Roboam de Saint-Robert aîné, Sgr de Saint-Robert.

Rousselle de Goderville (baron de Goderville), Sgr de Puissegrim.

— De Saignes, Sgr de Salles et de Laubardemont.

Le chevalier de Saint-Robert (Roboam).

De Santuary, Sgr de Capiant.

— Le comte de Ségur-Boirac, Sgr dudit lieu et de Paillas.

De Soyres.

Taillefert de Mauriac, Sgr de Fonbizol.

De Tapol, Sgr de Saint-Hilaire.

De Tauzia, Sgr de Liéterie.

On donna défaut contre :

Bouchereau, Sgr de Saint-Georges.

Le duc de Bouillon, Sgr de la présente juridiction, de celles de Gensac, Pellegrue, Gironde et Blazimon.

Duhamel, Sgr de Barie.

De Gourgue, Sgr de Vayres.

Le Sgr Heymints, Sgr de Vallents.

Le Sgr de la terre de Parsac.

De Rabart, Sgr de Beaumalle.

SÉNÉCHAUSSÉE DE GUIENNE.

Procès-verbal de l'Assemblée particulière de la Noblesse de la Sénéchaussée de Guienne, séante à Bordeaux (1).

9-21 mars 1789.

(*Archiv. imp.* B. III. 34, p. 236, 449-513.)

Marc-Antoine du Périer, conseiller du Roi, premier baron et grand sénéchal de Guienne, président.

(1) La liste des comparutions de l'ordre de la Noblesse n'existe pas aux Archives de l'Empire ; celle que nous publions est tirée des papiers de M. du Périer de Larsan, grand Sénéchal de Guienne ; — V. encore O'REILLY. *Histoire de Bordeaux.* t. IV, p. 453-478 : O'GILVY. *Nobiliaire de Guienne.* t. I., p. 197.

— François d'Abzac de Mayac, Sgr de Rochon.

Jacques Achard Désaugiers, Sgr de Graulet.

— Jean-Baptiste Achard, chevalier Désaugiers, Sgr des Augiers, Peyrol et Cabanes.

Jean-Félix, chevalier d'Adhémar.

Jean-Baptiste d'Adhémar.

— Elisabeth Ainselly, veuve de Jacob de Sandillands, dame de Pillotte.

François Amanieu de Ruat, captal de Buch, Sgr du Teich, Gujan, la Teste, Cazaux et Lassalle.

François-Jacques d'Audebard de Férussac.

Jacques-Auguste d'Audebard, baron de Férussac.

Bertrand d'Audebard, chevalier de Férussac, chevalier de Saint-Louis, capitaine au régt de Forez.

Jean-Henri-Constance Auger de Guilleragues, fourrier major des gardes du corps de Mgr le comte d'Artois, Sgr de l'Homme et de Giscote.

Pierre-Barthélemy Auger-Ducléon, Sgr de Grand-Guillaud.

François d'Aux, Sgr de Peyrigueis et de Patache, patron laïque du chapitre Saint-Pierre de Larroumieu.

Jean-Jacques d'Aux fils.

— François d'Aux, chevalier, Sgr de Frontignon, de partie de la Bernède, d'Uch et de N.-D., chevalier de Saint-Louis.

Barthélemy d'Aux, capitaine de chasseurs du Languedoc.

Madame veuve de Bacalan, défaillante.

Marie de Balode, dame de Latour de Farguès.

Pierre de Barberin, Sgr de Lamothe.

Pierre de Barbot.

Baritault de Cagnac, défaillant.

Augustin de Baritault, chevalier de Saint-Louis, garde du corps du Roi, capitaine de cavalerie.

Hector de Baritault, chevalier de Saint-Louis.

Elie-Jean-Charles de Baritault, chevalier, Sgr du Port.

Jean de Baritault, conseiller au parlement, Sgr de Soulignac.

Barret Turpeau de Latour, défaillant.

Edme-Jean-Baptiste Barret de Ferrand, Sgr de la Tour et Ferrand, mestre de camp de cavalerie, lieutenant des maréchaux de France.

— Jean-Baptiste-Nicolas-Guillaume, marquis du Barry-Conti, comte d'Argicourt, baron de Margaux.

Basquiat, défaillant.

Basterot de Barrière, défaillant.

Barthélemy de Basterot, Sgr de Sénilhac.

— Paul de Basterot, Sgr des Granges, Sgr de la Fourquière et de N. D. de Lesparre.

— César de Beaupoil, baron de Saint-Aulaire, chevalier, lieutenant au régt de Champagne, Sgr de Segonsac.

— Marie-Anne-Thérèse Bel, veuve de Joseph de Boucaud, chevalier, Sgr du Bousquet, dame de Peault.

François de Belcier de Crain, Sgr de Crain.

François de Belhade, Sgr de Lalibarde.

Jean-Baptiste-Joseph de Bellot, lieutenant des vaisseaux du Roi.

Joseph-Marie-Victor Benech de Lépinay, lieutenant des maréchaux de France à Bayonne.

Nicolas de Bense, Sgr du Breton.

— Jean-Jacques de Bense du Breton, Sgr du petit Frontignon.

— François-Jacques-Marie de Bergeron, fils.

Jacques de Bergeron, Sgr de Cercins, Mauvesin, Lamothe-Cussac, Donissan, Vauve, Lamothe et Dubarry.

Madame de Berrier, défaillante.

Jacques de Besse, chevalier de Maurian.

Jean-Jacques-Joseph de Besse, Sgr de Maurian.

Bethman, défaillant.

François-Hyacinthe Billatte de Faugère, officier au bataillon de garnison de Guienne.

Joseph-Théophile Billatte.

Pierre Billatte.

Léonard-Joseph de Biré, Sgr de Rance.

— Jean-Joseph de Biré, conseiller au parlement, Sgr de Bouquette.

Le vicomte de Blangy, défaillant.

Charles Bodet de Lavalade, officier au corps royal du génie, Sgr de Lavalade.

Antoine de Bodin Dussault de Saint-Laurent, Sgr de Boissalut et de Roque de Tau.

Michel-André Bodin de Saint-Laurent, ancien mousquetaire.

— Jean-Jacques Bodin de Saint-Laurent, Sgr de Lestang.

Bonneau Dubédat, défaillant.

— Elie-François de Bonneau, ancien capitaine général de la milice garde côtes, Sgr du Burc.

Noël de Bonnefond de Lacaussade.

Noël de Bonnefond de Lacaussade, Sgr de Lagarde.

— Bernard de Bonnevin, chevalier, Sgr de Sous-Moulins, Jussas, Pommier et du Grand Boisset, chevalier de Saint-Louis.

Philippe-Joseph de Bordes, Sgr de Fortage.

Antoine de Bordes de Roumaguet.

— Jean-François de Borie, Sgr de Gassies.

Jacques-Joseph de Boucaud, Sgr du Bousquet.

— Jean-Dominique de Boucher, Sgr de Lamothe Monrabeau et de Giraude.

Jean-Germain de Bourran, chevalier, Sgr de Blansac.

Boussier de Gassin, défaillant.

Boyer de Jussas, défaillant.

— Marie Journu, veuve de Pierre Boyer-Fonfrède, dame de la Tour-Blanche.

— Emmanuel Boyer-Pascal de Bras de fer, Sgr de Bras de fer.

Gérard-Louis, chevalier de Brach, capitaine des vaisseaux du Roi, Sgr de Jallais ou Malleret.

Pierre-François de Brach, Sgr de Montussan.

Joseph-Victor de Branne, Sgr de Budos.

— Delphine de Brassier, veuve de Michel-Joseph de la Roque, baron de Budos, baronne de Bécherelle, co-Seigneuresse de la baronie de Semignan et d'Arcins.

Jean de Brezets aîné, Sgr de Bulleau, Virsac et Lamothe Saint-André de Cubzac.

Pierre-Sylvestre de Brezets, Sgr de Bulleau.

— Louis-Baptiste de Briançon, chevalier, Sgr de Revaux.

Jean-Baptiste de Briançon, chevalier, Sgr de Lambert, ancien premier capitaine commandant au régt de Condé infanterie, chevalier de Saint-Louis.

Edme-Jean-Baptiste de Brivazac de Beaumont, Sgr de Lassalle et de Beaumont.

Jean-Baptiste-Guillaume de Brivazac, l'aîné.

Léon de Brivazac, commandant du château de Ha, Sgr de Gensan.

Madame de Broglie, défaillante.

— Jean-Jérôme de Bromer, chevalier, Sgr de Saint-Jérôme.

— Jean-Antoine, chevalier, vicomte de Brons, Sgr de Vérac, Pommiers et Literie, colonel au corps de l'état-major général des armées du Roi, commandant pour S. M. des ville et pays de Libourne, chevalier de Saint-Louis.

— Ignace-Joseph de Brosse, marquis de Montendre, chevalier Sgr dudit marquisat, capitaine commandant au régt de Salm-Salm.

Charles et Jean Brunaud, Sgr de Rostains.

Pierre de Cadouin, Sgr de l'île de Lalande.

— Jean-Baptiste-Augustin-Armand, comte de Calvimont, Sgr de Saint-Charamand, Saint-Martial et Cérons, capitaine de cavalerie au régt Royal-Piémont.

Charles, marquis de Canolle de Lescours, mestre de camp de cavalerie.

Carrière, défaillant.

Veuve Carton, défaillante.

Jean-Élie de Casaux, Sgr de Francs, Bègles et Saint-Dijan.

Jean-Pierre Casenave de Lacaussade, Sgr de Lacaussade.

Léonard-Ferréol de Castelnau.

Vincent de Castelnau.

Louis de Castelnau de Lahet.

Léonard-Antoine-Gabriel de Castelnau d'Auros.

Denis, chevalier de Castelnau, garde du Roi.

— Antoine de Castelnau d'Essenault, chevalier, co-Sgr d'Issan, Canterac et Labarde.

— Charles de Castets, capitaine d'infanterie, Sgr de Sudres.

— Marie de Caupos, veuve de Martial-François de Verthamon d'Amblot, chevalier, Sgr d'Amblot, président au parlement de Bordeaux, vicomtesse de Biscarosse et de Castillon, baronne de Lacanau et d'Andernos, etc.

Pierre de Cazalet, Sgr de Lescale.

Pierre de Cayla, défaillant.

Guillaume-Joseph de Cazaux, Sgr de Laroze, Saint-Androny et Langlade.

Joachim de Chalup.

Michel-Casimir de Chaperon de Lataste, Sgr de Lataste.

François-Joseph de Chaperon de Terrefort, Sgr de Terrefort, baron de Tustal, Calamiac et Jos.

— Marie de Chaperon, veuve de Guillaume-Joseph Saige, baronne de Bautiran, chatelaine de l'île Saint-Georges, dame de Laprade.

Jean de Charron, Sgr de Livrons.

Jérôme de Chassaing, Sgr du Beauséjour et du Thil.

Jérôme de Chassaing fils, ancien chevau-léger de la garde du Roi.

Chassaigne de la Plaigne, défaillant.

Jacques-Maxime-Paul de Chastenet, comte Maxime de Puységur, chevalier de Saint-Louis, colonel attaché au régt d'infanterie de Monsieur, frère du Roi.

Chatard, défaillant.

Jean-Baptiste Chauvet, Sgr de Mège.

Pierre-François Chavaille, Sgr du Parc.

Jean de Chillaud des Fieux.

Jacques-Justin de Chillaud aîné, Sgr de Bernos.

Jacques-Justin de Chillaud, Sgr de Bonnet.

Luc-Tobie Clarcke.

— Françoise Clémenceau, veuve d'Antoine de Brezets, dame de Lamothe.

— David-Jacob Clock, Sgr du Bure.

Jacques Coeffard de Mazerolles, Sgr de Castaing.

Pierre de Coeffard, Sgr d'Anquey.

— Guillaume de Conilh, Sgr de Lamothe.

— Marie de Cordier, dame de Rousselet.

Joseph-François de Cosson.

Honoré-François de Cosson, chevalier, Sgr de Nodeau.

Joseph de Cursol, Sgr de Talence.

— Françoise de Cursol, veuve de Gaufretau, dame de Bellefontaine et Bisqueytan.

Le marquis de Curton, défaillant.

Madame veuve de Cursol-Duplessis, défaillante.

Jean-Joseph Dabadie (d'Abadie), Sgr de Montmoitié, et Bernard Dabadie, Sgr de Pie et d'Ambleville.

— François Dabadie, chevalier, baron d'Arboucave, ancien chef d'escadron des carabiniers, avec rang de major de cavalerie, chevalier de Saint-Louis, Sgr du Grand-Bardis.

Pierre-Vincent-de-Paule Dalesme, Sgr de l'Estey ou du Peyrat.

Dalon, défaillant.

— Marguerite Dalphonse (d'Alphonse), veuve de Jean-Baptiste Dalphonse, chevalier, patrice romain, conseiller au Parlement, dame de Gamache.

— Gabriel Dalbis de Gissac (d'Albis), chevalier de Saint-Louis, Sgr de Feydieu.

André Daniel, Sgr de Lamothe et de Puigueyrau.

— Marguerite Daniel, co-Sgresse de Marroc.

Étienne-Jean-Baptiste Darche de Luxe, ancien officier du régt du Roi.

Pierre-Antoine Darche fils aîné (d'Arche), chevalier de Malte, ancien officier au régt du Roi.

Pierre-Antoine Darche Pessan, chevalier de Saint-Louis.

François-Benoît Darche de Lassalle, Sgr de Lassalle.

— Pétronille Darche, veuve de Pierre-François-Joseph de Spens Destignols de Lancre, dame de Picheloup, Machore et Fongraves.

Pierre-Antoine Darche, chevalier de Malte.

Darmajan, défaillant.

Jean-Charles Daugeard (d'Augeard), chevalier, Sgr de Bessan et Larose.

Jacques-Arnaud-Henri Daugeard de Virazel.

— Marie Daugeard, veuve de Gabriel-Barthélemy de Basterot, conseiller au Parlement, dame de Saint-Médard en Jalle.

Louis-Gabriel Daulède (d'Aulède) de Pardailhan, Sgr de Lamothe et Saugeron.

Déalis-Saugeon, défaillant.

— Angélique Delage, veuve de Jean-François Chavaille de Fougeras, conseiller au Parlement, dame de Lestage et de Saujan.

Gabriel-Marie-Anne-Josèphe Delarose-Fonbrune.

Philippe-Marie Delarose (de Larose).

Jean Delezé, avocat général honoraire en la cour des aides, Sgr d'Arsac et Gassies.

Jean-Louis-Henri Delpy de Laroche, Sgr de Laroche, Laferrade et du Cros.

Denis, défaillant.

— Elisabeth-Henriette Denis, veuve de Joseph de Sarrau de la Chapelle, Sgr de Cruseau, co-Sgr du Grain et de partie de la baronie de Montferrand.

Joseph Desaignes (de Saignes), chevalier, Sgr de Saint-Bonnet, Larousselle, Tibaudin et Ducastaing.

— Augustin Desaignes de Salles, baron de Laubardemont, Sgr de Tayac.

Desbonnet de Blacant, défaillant.

Jean-Paul Desclaux-Latané.

Desolier ou Desobier, défaillant.

Pierre Destut, chevalier de Solminiac.

— Jean Destut, comte de Solminiac, capitaine de cavalerie au régt Dauphin, sire, marquis de Tombebœuf, Sgr de Mouchac.

— Pierre Destut, chevalier, marquis de Solminiac, Sgr de Saint-Barthélemy, Eymet, Saint-Pardon, Bois-Verdun et Laloubière.

Guy Destournel, Sgr de Valée.

Louis-Joseph-Gaspard Destournel, fils.

— Marie Diccouson, veuve de Robert Dillon, dame de Terrefort.

Pierre-Paul Doat, capitaine au régt d'Artois-dragons.

Pierre Domenge de Pic de Blays, chevalier, conseiller au parlement, Sgr de Queyronna.

— Le marquis de Donissan de Citran, Sgr de Citran et d'Avensan, co-Sgr de la baronie de Lalande.

Dubarry, défaillant.

Dubergier, défaillant.

Pierre-Ozée Dublan, Sgr de Grimond et Prensac.

— Marie-Rosalie Dublan, veuve de Pierre Dublan, dame de Lahet.

— Laurent-Jacques Ducla, Sgr de Jacles.

Louis-Hyacinthe Dudevant.

Jean-Baptiste-Pierre-Jules Dudon.

— Pierre-Jules Dudon, Sgr de Treulon, Lassalle et Maconnan.

Léon Dufau, chevalier de Saint-Louis.

Louis-Elie Dufaure de Lajarthe, Sgr de Lamothe.

Guillaume Dufour, co-Sgr de Lanau.

— Martin Duffour, Sgr d'Ucb, de Dubessan et de Gironville.

Guillaume Duffour.

César-Phébus-Joseph Duffilley, Sgr des Ardoins.

Laurent Duluc.

Jean-Baptiste Duluc, chevalier de Saint-Louis.

Charles-Claude-Anne Dumantet, comte de L'Isle, Sgr de Livrac.

Dumas, défaillant.

Pierre-Henri Dumas de Laroque, Sgr de Laroque, Meyney et Pradets.

— Jacquette Dumirat, veuve de Raymond Dalon, chevalier, Sgr comte de Benauge, dame de Feugas.

Daniel-Jean-Baptiste Duplessis, chevalier.

François-Sabin Duplessy, Sgr de Terrefort.

Emmanuel-Céleste-Augustin de Durfort, duc de Duras, maréchal de camp, gouverneur du château royal de Saint-Hubert.

— Emmanuel-Félicité de Durfort de Duras, duc de Duras, pair et maréchal de France, marquis de Blanquefort, gouverneur de la Franche-Comté, chevalier des ordres du Roi et de la Toison d'or, premier gentilhomme de la chambre de S. M.

— Jean-Laurent de Durfort de Civrac, duc de Lorge, marquis de Civrac, baron de Lalande, comte de Blaignan, Sgr de Génissac et Rigaud, maréchal de camp, lieutenant général pour le Roi au comté de Bourgogne, ancien menin de Mgr le Dauphin, chevalier de Saint-Louis.

Louis-Guillaume Duroy, Sgr de Suduirant.

Joseph Duroy de Bruignac.

Jean-Maurice Dussault, Sgr de Lacroix.

— Jean Dutasta, Sgr de Saint-Laon et de Flurin.

Jean Dutil du Repère, Sgr du Millon.

Pierre-François Duval, Sgr de Lamothe.

Joseph Duval, Sgr de Lagrange.

— Élisabeth Duval, veuve de Joseph de Branne, conseiller au parlement, dame baronne de Mouton et Lepouyallet.

Jean-Louis Duvergier de Saint-Ciers.

André-Pierre-Claude-Gaston Duvigier (du Vigier), chevalier de Malte.

De Fauquier, défaillant.

— Jean-Baptiste-Catherine-Alain, marquis de Fayet, lieutenant au régt des Gardes-Françaises, Sgr de Peychaud et Liversan.

Joseph de Filhot Chimbaud, chevalier, Sgr d'Escutes et de Ferrade, conseiller au parlement.

— Marie-Scholastique de Ferron, comtesse d'Ambrus, veuve de Joseph de Ferron, comte d'Ambrus, dame de Bétaille.

Gabriel-Romain de Filhot de Marans, Sgr du Caillau, conseiller au parlement.

Gabriel-Barthélemy-Romain de Filhot, Sgr de Filhot.

Jacques de Fitzgibbon.

Julien-Gabriel, comte de Flavigny.

Joseph, chevalier de Foix de Candalle.

François-Henri marquis de Foix-Condal (Foix-Candalle), Sgr baron d'Issan, Canterac et Labarde.

— Marie Foy, Dorothée Chantal et Marie-Nicole-Rosalie Foy Labat de Savignac, dame de la Gravette.

Veuve Malromé Forcade, défaillant.

Jean-Jacques Fournier de la Chapelle, ancien intendant d'Auch.

Fesquet, défaillant (Fresquet?)

Jean-Jacques Frogère de La Rigaudière, Sgr de Roubinac.

— Joseph, comte de Fumel, lieutenant général des armées du Roi, grand'croix de l'ordre de Saint-Louis, gouverneur du Château-Trompette, commandant en chef de la Basse-Guienne, Sgr du Haut-Brion et de Pès.

Pierre-Joseph de Gadeau, Sgr de Campugnon,

— Louise Gagneron-Desvallon, veuve de François Calmeilh, dame de Poyanne et de Fontanille.

François-Léon de Galatheau, Sgr de Saint-Cor, Malhore, Lefleix, Lagorce, l'Isle de Lalande et Chaumont.

— Angélique de Galatheau, veuve de Henri de Carles, chevalier, dame de Tout.

Blaise-Jean-Charles-Alexandre de Gascq.

Jean Gat de Beylac, Sgr de la Tourette.

Gaufreteau de Châteauneuf, défaillant.

Gaufreteau de Soussac, défaillant.

Henri-Elisabeth de Gaufreteau de la Gorce.

Philippe Gaufreteau de Nérigean.

Guillaume de Gaufreteau, Sgr du Buisson et de Canteloup.

Joachim Gauvin de Harcote (Gauvain de Harcot).

Pierre de Gères de Loupes, Sgr de Camarsac.

Charles de Gères.

Christophe Gernon, Sgr de Sentout.

De Geslin, défaillant.

Jean, chevalier de Giac, chevalier de Saint-Louis, lieutenant colonel d'infanterie.

Joseph de Gombault, chevalier, baron de Rasac et de Pujols, Sgr de Teissonnac, Larue et Lebrésil, chevalier d'honneur au Parlement de Bordeaux.

François-Marc-Antoine de Gombault, Sgr de Pleinpoint.

Jean-Daniel-Alphonse de Gombault, Sgr de Saint-Martin et de Barès.

Jean-Baptiste de Gombault, Sgr Desbarrats et Dupuy.

Pierre-François-Paterne, baron de Gombault de Rasac.

Joseph, chevalier de Gombault-Descheminées.

François, chevalier de Gombault-Pleinpoint.

— Antoine-Louis de Gombault, Sgr de Pontin et Montégut.

Michel-Joseph de Gourgues, Sgr de Lanquais, Roailhan, Labatut et Gourgues.

Grailly, défaillant.

— Louis-Antoine-Armand de Gramont, duc de Lesparre.

Jacques-Raymond, vicomte de Grenier, capitaine des vaisseaux du Roi, chef de division des armées navales, Sgr de la vicomté de Giron-Grenier.

Pierre-Dominique de Grenier, chevalier de Saint-Louis, ancien major au corps du génie.

— Louise de Grenier de Floirac, dame de Cissan et de Taudias.

Jean Groc.

Jean Gruer de Montau.

Louis-Joseph de Guillaume-Dehors.

— Marie-Victoire Guiton, *alias* de Maulevrier, veuve de Jacques de la Barre de Veissière, chevalier de Saint-Louis, lieutenant de vaisseau.

Étienne Guyonnet de Monbadon, chevalier, Sgr de Lorte.

— Jean-Joseph de Guyonnet, chevalier, co-Sgr de Labatut.

— Jeanne Héliès, veuve d'André-Marie de Laborde, conseiller en la Cour des aides, dame de l'Heurbe.

— Marie Joguet, veuve de messire de Fonteneil, conseiller au parlement, dame de Labarrière.

— Élisabeth Joguet, veuve de Léon de Calmeilh, lieutenant colonel des carabiniers, dame de Lafosse et de l'Aiguille.

Charles-Claude de Joigny, marquis de Bellebrune, Sgr de Belluc.

— Simon-Joseph Josset de Pomiés, chevalier, Sgr baron du Breuil.

— Marie-Charlotte de Jouglain de Monconseil, veuve de Jean-Joseph, marquis de Latourette d'Ambert, chevalier de Saint-Louis, ancien officier aux Gardes-Françaises, dame de Monconseil, Romefort et Villeneuve.

Étienne-Alexandre de Journiac père, ancien officier au régt de Normandie.

Alexandre de Journiac, colonel d'infanterie.

Antoine Journu, Sgr de Saint-Magne.

Bernard Journu Auber.

Le marquis de Jumilhac, défaillant.

Kater, défaillant.

Marc de Kirwan, Sgr de Naugé et du Bruca.

Jean-Baptiste-François-Vincent-de-Paule de Labat de Savignac, Sgr de Loubens, Graoux ou Fabas.

François-Hyacinthe-Zacharie de Labat.

Jean-François-Donadieu de Labat de Savignac, chevalier de Saint-Louis.

— Hyacinthe-Marie-Servidie de Labat, Sgr baron de Savignac.

— Marie Labayle, veuve de Jean de Boucaut, tutrice de Louis-Martial et Jeanne de Boucaut, ses enfants, Sgrs de la Hantone.

Lablancherie, défaillant.

Pierre-Joseph de Laborie, Sgr d'Ambès.

Pierre Lacayre de Campet, officier d'infanterie.

Michel de la Chassaigne de Caillau.

Jacques-Christophe de La Chassaigne fils, Sgr de Caillau.

François de La Chassaigne, chevalier de Saint-Louis, Sgr de Pressac, du Cros et Fourneau.

Jacques-Siméon de Lachausse de Saint-Izard.

Lachaussedie, défaillant.

Lacolonie, défaillant.

— Louise-Antoinette-Delphine de la Colonie, veuve de Pierre-Guillaume de Conilh, conseiller au Parlement, tutrice de Marie-Guillaume-Gabriel-Aymar de Conilh, son fils, Sgr de Seauval.

Gabriel de Lacroix de Puyozard.

Jean-Baptiste-Jérémie de Lacroix, chevalier de Saint-Louis, Sgr de Touignan, ancien gendarme de la garde du Roi.

Guillaume Lacrompe de Laboissière, chevalier de Saint-Louis.

Jean-Baptiste de Lacrompe de Laboissière, Sgr de Grolleau et des Quatre-Fossés.

— Anne Lafau, veuve de Jean O'Birne, tutrice de ses enfants, co-Sgr du Prat.

Pierre de Lafaurie, chevalier de Monbadon.

Laurent Lafaurie de Monbadon, mestre de camp en second du régt d'Auvergne, Sgr de Regnier.

René, vicomte de Lafaye, chevalier de Saint-Louis, Sgr de Lide.

— Jacques-Alexandre Lafon de Ladebat, Sgr de Bellevue.

Pierre de Lageard Saint-Marc, Sgr de Rebuilhide.

Henri, chevalier de Lalande.

Jean-Raymond de Lalande, Sgr de la baronie du Pian et de Trejey.

Lalanne, défaillant.

— Bertrand-Jean-Baptiste de la Laurencie, chevalier, Sgr de Vacher.

François-Léon de la Marthonie, Sgr de Seignan.

Jean-Baptiste de Lamolère, conseiller honoraire au parlement, Sgr de Feuillas.

Jean-Baptiste de Lamothe, Sgr de la Garosse.

Lamothe, commandant de Blaye, défaillant.

Louis-Marc-Antoine de Lamourous du Mayne.

Joseph de Lamourous, co-Sgr haut-justicier de la terre et baronie de Parempuyre, conseiller au parlement de Bordeaux.

— Marie-Jeanne-Claude de Lange-Comnène, veuve de Gabriel-François-César, comte de Wavrans, marquis de Boursin, comte de Benauge, chevalier de Saint-Louis, comme tutrice de Charles-François-Marie, marquis de Wavrans, etc., son fils.

Langlois, défaillant.

Madame de Lansac, défaillante.

Laporte de Beaumont défaillant.

Daniel de Laporte, chevalier, baron de Pauliac, Sgr de Galisac.

Pierre-Jean-Baptiste de Laporte.

Arnaud-Yves-Jean-Baptiste de Laporte de Pauliac.

— Jacques, chevalier de la Roche-Aymon, chevalier de Saint-Louis, Sgr de Marquet.

Charles-François-Armand de la Roque, chevalier de Budos.

— Charles-François-Armand de Laroque (la Roque), baron de Budos et de Montferrand, en cette dernière qualité, premier baron de Guienne.

— Jean-Baptiste de Laroque-Latour, lieutenant d'infanterie au régt du Roi, Sgr de Latour.

Jean-Martin de Lassalle, Sgr d'Eyquem.
— Marie-Thérèse-Julie et Catherine-Jeanne-Victoire de Lassalle-Caillau, sœurs, dames de Villeneuve.
Charles-François-Alain de Lassalle-Caillau, Sgr de Pian.
— Jeanne-Hippolyte de Lassalle, veuve de Jean-Antoine Le Blanc de Mauvesin, cons. au parlement de Bordeaux, dame du Souleil.
Julien-Pierre de La Tour-Blanche, Sgr de La Tour-Blanche.
— Jean-Frédéric de Latour-Dupin de Gouvernet, comte de Paulin, marquis de la Roche-Chalais et de Sennevières, baron du Cubzaguais, Sgr d'Ambleville et Tesson, lieutenant général des armées du Roi, commandant en chef des provinces d'Aunis, Poitou, Saintonge, îles adjacentes et Bas-Angoumois.
Lauvergnac de Lamothe, défaillant.
— Gabriel-Barthélemy de Lavaissière, chevalier, Sgr de Verdusan, la Basse-Cour et Galan.
Jean-Pierre de Lavergne.
— Jean de Lavergne, chevalier, sieur de Lage, Sgr de Chaumet.
François de Lavergne de Peyredoulle, Sgr de Peyredoulle.
— François de Lavergne, sieur de Lage, Sgr du Chardos.
Paul-Marie-Arnaud de Lavie, président à mortier au parlement de Bordeaux, Sgr du Taillan.
— Marie-Adélaïde de Lavie, épouse de Joseph-Gabriel-Raymond-Rose-Félicité-Marie-Thérèse de Sauvat, chevalier, baron d'Agassac, ancien président au parlement de Bordeaux, dame baronne d'Agassac.
Jacques Laville.
— Marguerite de Laville d'Arès, dame de Tournepique.
André-François-Benoît-Elisabeth Leberthon fils.
— André-Jacques-Hyacinthe Le Berthon, chevalier, Sgr d'Aiguille, Castillon, Podensac, Virelade et Camblanes.
Jean-Louis-Alexandre, chevalier Le Blanc de Mauvesin.
Michel-Hyacinthe Le Blanc, Sgr de Pensum.
Jean-Joseph-Timothée Le Blanc, Sgr de Mauvesin.
Dominique-François Le Blanc Nouguès, Sgr de Giron.
— Guillaume-Marie Le Comte, chevalier magistral de l'ordre de Malte, Sgr captal de la Tresne, Matha, les Chateliers et Laprade, marquis de Noë.
Thomas-Patrice Léo.
Antoine de Léglise, Sgr de Tardes, Monadey et Saint-Pey d'Aurillac.
Jacques-Benjamin, chevalier de Léglise, co-Sgr de Tardes.
— Antoine-Philippe Lemoyne, Sgr de Laroque.
Jacques-François-Joseph Letellier, fils aîné.
Jean-Jacques Letellier, Sgr de Sentout.
— Marie-Louise-Rose Blaise Letellier, dame du Gallan et de Bardouillan.
Lisleferme, défaillant.
Guillaume de Litterie, Sgr de Lalanne.
Joseph de Lombard, chevalier, Sgr d'Ondillac.
— André-Louis-Joseph de Lombard, chevalier de Saint-Louis, agrégé à l'ordre de Cincinnatus, Sgr de Mugron.

Longpuy de Molères, défaillant.
Jean Paul Loret, baron de Sémignan et Sgr de Rouillac.
Nicolas-Michel de Lorman.
Laurent de Loyac, Sgr de Beauval.
Pierre de Lucmau (de Lugmeau), chevalier de Classun, capitaine au régl. de Médoc.
Pierre-François-Xavier de Lucy-Forcarius, capitaine d'infanterie.
Madame veuve de Lur de Saluces, défaillante.
— Claude-Henri-Hercule-Joseph de Lur, marquis de Saluces, maréchal de camp, chevalier de Saint-Louis.
François-Raymond de Luzié, Sgr de Labarrière.
Lynch, défaillant.
Michel, chevalier Lynch.
Daniel Mac Carthy aîné.
Jean Mac Carthy jeune.
— Daniel-Denis Mac-Carthy, Sgr de Fonvidal.
Pierre-Joseph de Madronet de Saint-Eugène, capitaine de cavalerie.
Etienne Maignol, Sgr de Mataplane.
René Maignol de Mataplane, Sgr de Segougnac et Martignan.
Jean-Baptiste, comte de Mallet, lieut. de Roi commandant au fort Médoc.
Pierre vicomte de Mallet, lieutenant-colonel d'infanterie.
— Jean-Louis, marquis de Mallet, Sgr de Lamothe, Lassalle, Castelviel et Roquefort.
Charles-Joseph de Malvin, Sgr de Barraud.
Madame de Maniban, défaillante.
Jean-François-Laurent-Amédée Marbotin de Conteneuil, Sgr des Rogneures et de la Savignotte.
Jean-François, chevalier de Marbotin, capitaine commandant au régt d'Enghien.
Bertrand Marcadé, Sgr de Bonneville.
Arnaud de Marin, Sgr de Tastes.
Claude-Ange-Clément, chevalier de Marraquier, ancien officier d'infanterie, capitaine des canonniers de Guienne, Sgr de la Rivière.
— Jean-François Marsolier de Montau, chevalier, Sgr de la Tour de la Rousselle.
Thomas Marthiens, Sgr de Lagubat.
Jean-Louis Martin de Monsec, Sgr de Raignac Lamothe.
Arnaud-François Martin de Monsec de Raignac, Sgr de Tisac.
Louis-Guillaume de Massip, Sgr de Lamothe.
Bertrand de Maupas (Bachelier), chevalier de Saint-Louis, Sgr de Bias, Mimisan et Oreillan.
Maurice, Sgr de Sentout, défaillant.
Guillaume-Robert Melet de Rejaumont, chevalier de Saint-Louis, Sgr de l'Isle.
Menoire de Barbe, défaillant.
Pierre-Joseph Menoire, défaillant.
Jean-André de Meslon, chevalier, Sgr de la Ganterie.
Nicolas de Meslon, chevalier, officier au régt du Roi-infanterie.
Mesmur, défaillant.
Pierre-Antoine-Sixte de Mignot-Delas.

André-Joseph de Minvielle, Sgr de Mayrous.

Miromesnil, défaillant.

— François-Patrice Mitchell, Sgr de Pradets.

Guillaume Mondenard de Roquelaure.

Mondenard de la Passonne, défaillant.

Jean-Luc de Mons, marquis de Dunes, Sgr d'Andiran et du Cluzet, capitaine de cavalerie.

Léonard-Joseph, marquis de Mons et de Dunes, Sgr de la châtellenie des Gonds, haut-justicier de Cousins, Sgr de Ferran et Saint-Poly.

Joseph de Montaigne, Sgr de Beausoleil et Valenton.

Joseph-Marie de Montalier, Sgr de Grissac, conseiller au parlement.

Thomas de Montalier, Sgr de Mahourat.

— Philippe de Montalier, Sgr de Borie.

Hugues, chevalier de Monthrun la Pomarède, Sgr de Pomarède et Pitresmont.

Montjon, défaillant.

Jean-Baptiste-François de Morin.

Jean, chevalier de Morin, Sgr de Ruplan.

— Raymond-Mathieu, chevalier de Navarre, Sgr de Camponac.

Le marquis de Nieul, défaillant.

Auguste-Léon de Nogaret.

— Françoise-Thérèse de Noiret, veuve de Guillaume de la Chassaigne, chevalier, dame de Caillau.

Jean-Jacques-Raymond de Noiret, Sgr de Cézac.

Jacques-Augustin de Noiret, fils aîné, Sgr de Pugnac.

O'Quin.⌐

Pierre-Urbain Pan.

Papin, défaillant.

François de Parcabe.

André de Paty, chevalier.

Jean-Alphonse de Paty, capitaine commandant au régt de la Fère.

— André-Joseph de Paty, chevalier, Sgr de Menviel.

— Michel de Paty, Sgr de Bellegarde, baron de Notre-Dame du Carney.

Jean-Baptiste de Paty-Bellegarde, capitaine au régt de la Colonelle-Générale-cavalerie.

Léonard de Paty, chevalier, baron du Rayet, Sgr de Lusiés et Monadey.

Dominique de Paty-Laparcan, Sgr de Timberlay.

— Dominique-Joseph de Paty, Sgr de Maurinat.

Léonard-Marie, chevalier de Paty-Lusiès, capitaine de vaisseau, chevalier de Saint-Louis, Sgr du Verdus.

— Jacques de Pelet d'Anglade, chevalier, Sgr d'Anglade, Izon, Saint-Sulpice, Tojean, le Boisset, la Mothe et Gassies.

Gérard de Pélissier, Sgr de Puinard.

— Bertrand-Nunez Pereyra d'Olivarez, vicomte de Pereyra, Sgr d'Ambez et de Lamenaude.

Jean du Périer, chevalier-novice de Malte.

Louis du Périer, chevalier-novice de Malte.

Romain du Périer, chevalier d'Aux.

Romain du Périer de L'Ombrière.

— Guillemette du Périer, veuve de François de Cursol, co-Sgresse du Taillan.

Raymond du Périer de Lislefort, chevalier de Saint-Louis, Sgr de Lislefort, Dubédat et Maladan.

Jean-Baptiste-Germain du Périer de Larsan, chevalier honoraire de Saint-Jean de Jérusalem, Sgr de Laromaningue.

— Jeanne du Périer, dame de Landerron.

Pierre Petit, chevalier, Sgr du Petit-Juda.

— Simon-Benjamin Petit de la Signerie, chevalier, ancien lieutenant-colonel de cavalerie, Sgr de la Roche et Laburthe.

Nicolas-Pierre de Pichard, Sgr de Coutet et Lafite, haut-justicier de Pauliac, Sables, Belin et Beliet, baron de Saucas et de Barp.

Guillaume de Pichon, co-Sgr de Parempuyre.

Joseph de Pichon, baron de Longueville.

— Marie-Anne Pilosi, veuve de Pierre-Louis de Baritault, Sgr de Cauplat.

Madame de Pineau, défaillante.

Madame veuve de Pineau, défaillante.

Pleu, défaillant.

Alexandre de Policard, officier au régt de Vintimille infanterie.

Jean-Joseph, chevalier de Pomiès, capitaine de dragons.

Pierre de Pomiès d'Uch, lieutenant de vaisseau.

— Marguerite-Rosalie Poncharail de Pauliac, veuve de Louis-François-Ignace Duvergier, marquis de Barbe, dame de Saint-Ciers d'Abzac, et Saint-Martin-du-Bois.

— Louis-Marie, marquis de Pons, Sgr de Villandraut, ambassadeur en Suède.

Jean-François de Pontac, chevalier, colonel d'infanterie, vicomte de Jaubertes, Sgr de Fourens et de Lassalle-Saint-Bris.

Bernard de Pontet, chevalier de Saint-Louis, Sgr de la Croix-Maron.

Bertrand Pontet de Perganson, Sgr de Romefort.

Charles de Preissac, lieutenant général des armées du Roi, baron de Cadillac.

— Angélique et Marie-Paule de Puch Destrac, dames de Grosse-ombre.

Puinormand, défaillant.

Gaston-Jean-Baptiste-Joseph de Raignac, Sgr de Valié et de Tartifume.

Pierre de Raignac, co-Sgr de Lacroix.

— Gratiane de Raoul, dame de Saint-Aubin et Cursan.

Jean-Antoine de Raoul.

Etienne Ratier-Dupin, Sgr de Gavachon.

Louis-Auguste Rattier.

Jean-Ignace Rattier de Sauvignan.

Mathias de Rauzan.

Léon, chevalier de Rauzan, capitaine commandant au régt de Normandie, chevalier de Saint-Louis.

François-Joseph de Raymond de Sallegourde, Sgr de Macanon.

Pierre-Louis comte de Raymond, chevalier, Sgr haut justicier de la terre baronie d'Ayran.

François Raynac de Barre.

Raynaud, défaillant.

Le duc de Richelieu et de Fronsac, défaillant.

Philippe de Richon, Sgr de Durandeau.

— Marie-Félicité de Rivière, veuve de Jean de Casamajor de Gestas, brigadier des armées du Roi, dame de Latour Gamarde et de la Garosse.

Madame veuve Rocautte, défaillante.

Jean de Roche.

Roche de Lamothe, défaillant.

Pierre, chevalier de Rolland.

Jean-Baptiste de Rolland, chevalier de Saint-Louis, ancien capitaine de cavalerie.

Jean-François de Rolland, Sgr de Lamarque.

— Jean Rolland-Dupont, Sgr du Pont.

Gabriel Rouchon de Wormeselle, proviseur né du séminaire d'Aquin à Douai, nommateur de l'hôpital de Cambrai, chevalier de Saint-Lazare, Sgr de Romefort.

Jean-Edouard Roullier, Sgr de Gassies.

Jean-Louis de Roussanes, Sgr de Grenade.

— Charles-Gabriel-Félix de Roussel, chevalier, baron de Goderville et de Puisseguin, Sgr d'Abzac.

Pierre-Jean-Baptiste de Rousset, chevalier de Saint-Louis.

— Pierre de Rousset, Sgr de Joie et Tiran.

Jean-Baptiste de Rousset, chevalier, ancien capitaine au régt de Bourbonnais, chevalier de Saint-Louis, son frère.

Jérôme de Rubran, Sgr de Badine.

François-Armand Saige, baron de Bautiran, Sgr de Bonoas, Ducasse, etc., avocat général honoraire au parlement de Bordeaux.

Jean de Saint-Ange, Sgr de Puygeyrin.

François de Saint-Angel, Sgr de Morpain.

Jean de Saint-Ange, écuyer de la Reine et capitaine de cavalerie dans son régiment.

Jean-Pierre-Charles de Saint-Angel, garde du corps du Roi.

Pierre Saincric (de Saint-Cricq).

— Marguerite de Saint-Cricq, veuve d'Ignace de Maledan, chevalier de Saint-Louis, dame du tiers du Gallan et de Bardouillan.

Saint-Martin, défaillant.

Jean-Baptiste de Saint-Pierre.

— Le marquis de Saint-Simon, maréchal de camp, grand d'Espagne de la 1re classe, commandeur de Saint-Louis, Sgr de Giscous.

Joseph Salèles.

Le comte de Salvignac, défaillant.

— Marie-Joseph-Guillaume-Laurent-Pierre Sans, Sgr de Signouret.

Guillaume-Charles-Mathieu de Sarrau, Sgr de Clodin et Dussol.

— Elie Sarrau, chevalier de Saint-Louis, ancien lieutenant-colonel, Sgr de Pichon.

Louis-Isaac Sarrau fils.

Charles Saubat de Pomiès, aîné.

Schinlinsky, défaillant.

Charles-Louis de Secondat, baron de Montesquieu, chevalier de Saint-Louis et de Cincinnatus, colonel du régt de Cambrésis.

— Jean-Baptiste de Secondat, chevalier, Sgr baron de la Brède, de de Bessan, Soussans.

Les mineurs Seguineau, Sgrs de Portets et Dandride.

Madame de Ségur du Grand Puch, défaillante.

Joseph-Marie, vicomte de Ségur de Cabanac, chevalier, maréchal de camp, ci-devant premier capitaine, sous-lieutenant des gendarmes de la garde ordinaire de S. M., Sgr d'Eyquem ou de Montagne.

— Joseph de Ségur, chevalier, vicomte de Cabanac, lieutenant général des armées du Roi.

Jean-François, baron de Ségur-Montagne, Sgr de Montagne et Coulaume.

Charles de Ségur Larouquette, Sgr de Cotelère.

Jean-Alexandre de Ségur Blézignac.

Sellier de Soissons, défaillant.

Senailhac, défaillant.

Léonard-Antoine de Sentout, chevalier, Sgr de Jonqueyres, Languissan, Puylambert, Lagarde et Sorlus.

Jean-Joseph, chevalier de Sentout.

— Pierre-Charles de Soulard, sieur de Lasausay, Sgr de Hautefaye.

Jean-François de Soyres, Sgr de Labarde.

Pierre-François-Mathieu de Spens Destignoles de Lancre, Sgr de Loubens, Laneau et Tastes.

Jean-Baptiste-François, chevalier de Spens Destignoles de Lancre, Sgr de Gibau ou Catin, et de partie de Rouxrau.

Jean-Henri de Sudre Desardouins, Sgr de Carcanieux.

— Jean Suton de Clonard, comte de Clonard, mestre de camp, attaché au régt de Walsh, chevalier de Saint-Louis.

Pierre Taffard, Sgr de Larnade, lieutenant de canonniers.

— Elisabeth et Anne de Tapol, dames de Maugny ou de Monconseil.

Alexis Testard de Groval.

Jean-Louis Testard.

Guillaume Thibaud.

Jean-François Thibaud.

Michel de Thibaud.

Raymond, chevalier de Thibault.

— Catherine Thierry de la Prévalaye, veuve de M. de Charmail, capitaine des vaisseaux du Roi, dame de Verdus.

Mademoiselle Tuguet, défaillante.

Léonard-Antoine de Vassal, baron de Cadillac, Sgr de Lalande, Cadillac, et Saint-Romain.

Marc-Antoine, baron de Verteuil, lieutenant général des armées du Roi, gouverneur de l'île d'Oléron.

Jean-Baptiste-Maurice de Verthamon, marquis de Tercis, Sgr d'Ambloy, Chalucet, Saint-Germain, Romefort et Cervaux.

Jean-Baptiste-Cyprien, vicomte de Verthamon, capitaine au régt de Piémont, Sgr de la Salargue.

François, chevalier de Verthamon, chef d'escadron au régt de Piémont.

Joseph de Verthamon-Saint-Fort, Sgr de Fonbernet.

Jules de Verthamon-Saint-Fort, Sgr de la Bigueyresse.

Maurice de Verthamon-Saint-Fort, capitaine de cavalerie au régt de la Reine.

— Marguerite de Verthamon, comtesse de Lavaud, dame de Bussière, Beaufils, Dumas, Marillac, Le Cerf et Tastes-Vensac.

Jean de Villeneuve de Durfort.

Joseph-Emmanuel de Villeneuve de Durfort, chevalier, Sgr, baron de Macau, Ludon, Cantemerle et Mestarieu.

Pierre-Laurent de Villepreux, Sgr du grand et petit Sacol.

Louis de Voisin, Sgr de Dumas.

SÉNÉCHAUSSÉE DE LIBOURNE.

Procès-verbal de l'Assemblée générale des Trois-Ordres (1)

14 mars 1789.

(*Archiv. imp.* B. III. 72, p. 82, 91-97, 107-108.)

Godefroy-Bondi-Geoffre Delanxade (de Lansade), conseiller du roi, lieutenant particulier de ladite Sénéchaussée et siége présidial, en l'absence du lieutenant général (Philippe-Bernard Limouzin.)

NOBLESSE.

— De Bacalan, Sgr de Laures, dans Doulouzon.

— Demoiselle du Barrail.

De Belcier, père, Sgr de Gurçon.

De Belcier, fils aîné.

De Belrieu, frères.

Raymond de Bernard.

De Bonneau fils, et pour son père.

De Bordes.

Le chevalier de Boussier.

— Le marquis de Canolle.

Le chevalier de Canolle.

Le marquis de Carle.

De Carle (le comte de Carle), maréchal de camp, Sgr de Maubusquet.

---

(1) Revu sur la minute du procès-verbal B. a. IV. 51.

Le chevalier de Carle.

De Carle de Mauvesin.

De Carrière, Sgr de Mouvert.

De Cazenave, Sgr du fief de Mathecoulon.

Le chevalier de Cazenave de Froidefont fils.

Chaussade de Chandos.

De Chazal, maréchal de camp.

Le chevalier du Cheyron.

— Demoiselle du Chillaud, pour le fief de Paranchère.

Darssac.

Desaignes (de Saignes) de Salles, Sgr d'un fief dans la banlieue.

Dubois de Fresne de Saint-Fort.

Dubois de la Grèze.

Dupuch de Montbreton, Sgr de la Motte et Radegonde.

Dupuch de Montbreton, fils, Sgr de Peyrousset et Lafon-Cave, pour lui et pour son père.

    — Le maréchal duc de Duras, Sgr de Rauzan et Pujol.

    — De Durfort, duc de Lorges et de Civrac, Sgr de Blagnac, Civrac et Rigaud.

    — De Filhot, Sgr du fief de Mezière.

    — De Fonbourgade, Sgr de la Bassecour.

    — De Geneaud, Sgr du fief de Langallerie.

    — De Gervain, Sgr du fief de Lambertrie et des Rabouchets.

De Gombault aîné.

Le chevalier de Gombault, co-Sgr du fief de Claupalu.

De Gombault d'Anferné.

De Grailly (le marquis de Grailly), Sgr du fief de Castagen.

Jourdain.

Barbe de la Barthe, Sgr de Montleau et la Tibilière, secrétaire de l'ordre de la noblesse.

De la Faye d'Ambezac, capitaine de vaisseau, Sgr de la Rouquette en Montravel.

    — De Lanvaille, dame de Langallerie, pour le fief de Langallerie.

    — Le président Lavie.

De Lesval.

    — Du Marchet, Sgr des fiefs du Marchet et la Capelle.

    — De Mellet, Sgr de Loubez à Cessac.

De Melon, co-Sgr de Mondinet.

De Melon, co-Sgr dudit fief.

De Monbrun, Sgr du fief de Monbrun.

    — Le marquis de Mons.

    — De Nogaret, Sgr de Nogaret dans Montravel.

Petit de la Signerie, Sgr de la Poyade du Tizac.

    — Petit de la Signerie, père, pour le fief de la Signerie.

    — De Pontac, Sgr de Taris.

De Queyssac.

De Rabar de Beaumalle.

De Rabar, lieutenant des maréchaux de France.

    — Rigaud de Grandfond, Sgr de Cazenas, des Guignard et des Mingaud.

De Rogier, Sgr du Retour et de Sauvagnac.

Le comte de Rossanne, Sgr de la terre et juridiction du Fleix.

De Sauvin, Sgr de Cazalis et Laboize.

Le comte de Ségur de Boirac.

De Simard, chevalier de Pitray, Sgr de Pitray.

De Simard de Pitray aîné.

Le chevalier de Simard, capitaine de vaisseau.

De Solminihac de Chaune.

De Solminihac, Sgr du fief de Strasbourg.

— De Tasque, Sgr de Belair.

On donna défaut contre :

Le Berthon, premier président au parlement de Bordeaux, Sgr de la vicomté de Castillon.

De la Bardie (Labardie) Sgr de Saint-Aulaye.

Le comte de Sansac, Sgr de la baronie d'Epineuil.

Le maréchal de Ségur, Sgr de Pouchat.

Le sieur de Beaupuy, Sgr de Monpon.

Les sieurs de Goisson frères, Sgrs de Goisson et Caligeau.

De la Tour du Pin, Sgr de la Roche.

Assemblée particulière de la Noblesse de Libourne pour conférer de nouveaux pouvoirs à son député.

16 juillet 1789.

(*Archiv. imp. B. III, 72, p. 214-217.*)

Philippe-Bernard Limouzin, conseiller du Roi, lieutenant-général de la sénéchaussée et siége présidial de Libourne, commissaire de S. M.

Chaperon, conseiller du Roi audit siége faisant les fonctions de procureur du Roi.

NOBLESSE.

Le comte de Béarn.

De Belcier père.

De Bonneau.

Bonneau de Madaillan.

Le vicomte de Brons.

Le chevalier de Canolle.

Le chevalier de Carle.

De Carle de Mauvezin.

De Carle.

De Carrière de Montvert.

De Cazenave.

Le chevalier de Cazenave de Froidefont.

Chaussade de Chandos.

Le chevalier du Cheyron.

Desmoulins de Leybardie.

Dubois du Fresne de Saint-Fort.

Dubois de la Grèze.

Joseph Dupuch.

De Fonbourgade.

De Fontenelle.

Le chevalier de Gombault.

De Gombault d'Anferné.

De Grailly.

Barbe de la Barthe.

De la Combe.

De la Faye.
De la Poyade du Tizac.
De Lesval.
De Montbrun.
Le chevalier de Moulinier.
Petit de la Signerie fils.
De Queyssat.
De Rabar.
De Rabar de Beaumalle.

De Rogier.
De Rossanne.
De Saignes de Salles.
De Sauvin.
Ségur de Boirac.
Simard de Pitray.
Le chevalier de Simard.
De Solminihac.
De Solminihac de Chaune.

SÉNÉCHAUSSÉE DE NÉRAC.

Procès-verbal de l'Assemblée générale des trois ordres.

30 mars 1789.

(*Archiv. imp.* B. III, 94, p. 132, 146-160, 185-197.)

NOBLESSE.

Jean de Batz, baron de Batz et de Sainte-Croix, chevalier, grand sénéchal d'épée du pays et duché d'Albret (1).

Le baron d'Arblade pour le château de Birac.
Le commandeur d'Argentens, pour ladite commanderie.
D'Aurieu de Caupenne.
— Pierre Bastouilh de Taillac, pour la Sgrie de Limon.
Charles de Batz, baron de Trenquelléon, pour fiefs en Espiens.
— Le vicomte de Bezolles, Sgr de Landerone.
Jean-Arnaud de Boissy du Bois.
Jean-Arnaud de Boissy-Dubois, capitaine d'artillerie.
De Boissonnade Sgr de Pourtahaut (Pouylahaut), défaillant.
— Jean-Jacques de Bosc (Deboc) pour la Sgrie du Cucq.
— Le duc de Bouillon, duc d'Albret.
Le baron de Brisac pour la terre d'Andiran.
Simon-Jude Brossié, baron de Saint-Simon, pour la terre de Saint-Simon.
Jean-Jacques de Cambon, pour la Sgrie d'Arcouques.
Etienne de Cantérac, chevalier.

_____

(1) L'orthographe des noms qui composent cette liste a été revue et corrigée sur la minute du procès-verbal, B. a. IV. 40.

Joseph de Cantérac, chevalier.

Joseph de Castillon, baron de Mauvesin, pour fief en Moncrabeau.

Caucabannes de Baudignan, chevalier de Malte, honoraire.

Jean de Chic de Roquzing.

— Marc-Antoine de Coquet pour la Sgrie de Brassalem.

De Courtade de Salis, pour la baronie de Sainte-More, non comparant.

Philippe de Dijon, comte de la terre de Lasserre.

Guillaume-Samuel Dubernet de Mazères, chevalier de Saint-Louis.

Robert Dubernet de Mazères fils.

Jean-Baptiste Dubroca-Dumarhain.

Ducasse de Marches.

— Jacques-Louis Ducasse, Sgr de Castelviel.

Ducasse-Demarches, chevalier de Saint-Louis.

Dudrot.

Duprat, pour la Sgrie de Cadmus.

Duprat de Mesailles, chevalier de Saint-Louis.

Le chevalier du Prat de Mesailles.

Paul Dupré, pour la co-Sgrie de Pommarède.

Paul-Lambert Dupré, pour la même co-Sgrie.

Louis-Bertrand Dupuis (Dupuy), pour la Sgrie de Sarros et Dusahue (du Sahue).

Faulong du Broustel.

Nicolas de Faulong, pour les Sgries du Bosq et du Grand-Baron.

De Feytes, Sgr de la maison de la Coste, défaillant.

— Louis, comte de Fumel, pour la Sgrie de Bourgueil et Lourdens.

Pierre de Giac de Gerbous, baron de la Grange, pour partie de la haute justice d'Andiran.

Frédéric-Maurice de Gramont-Villemontés, chevalier, pour la Sgrie du Cazeau du Bosq.

Jean-Nicolas de Gramont-Villemontés, chevalier, pour la Sgrie de Lamothe.

Joseph de Gramont-Villemontés, chevalier.

Jacques Gripière de Moncroc, chevalier, Sgr de Laval.

— Le marquis de Grossolles-Flamarens, Sgr de Buzet.

Josselin de la Grange-Monrepos, pour la Sgrie de la Grange.

Louis-Elzéar de Josselin, pour les terres de Meylan, Saint-Martin et maison du Tasta.

Josselin de Monrepos.

— Le vicomte de Juillac, Sgr de Fieux.

François Labenne de Saubade, pour la Sgrie de Lassalle.

— Pierre-Paul Lacoste, pour la maison noble du Cauderé.

— Paul de la Devèze, pour la Sgrie de Charrein.

Joseph de la Fitte (Lafitte), pour la Sgrie du Moulin du long de la Souque, pour fief au Puy-Forte-Guilhe.

Le chevalier de la Fitte-Clavé (Lafitte).

De la Fitte du Perron.

Le chevalier de la Fitte du Perron.

De la Fitte, lieutenant-colonel au corps du génie.

Joseph de Laffitte.

Le duc de la Force, Sgr de Taillebourg, non comparant.

Jean-Joseph de Lanterac, pour la haute-justice d'Andiran en Calignac.

Louis-Hilaire de Lapol pour la Sgrie de Cazeneuve et prieuré de Monthust (Monhurt).

De Larroque, chevalier de Saint-Louis, lieutenant des maréchaux de France pour la maison de Larroque.

Guillaume-Urbain-Alexandre de Larrard-Mellac.

Joseph Lassalle de Salabert.

Le chevalier de Laverny de Lassalle.

— Denis Le Sage de Salles, pour la Sgrie de Salles, Seguino et Grava.

— Le marquis de Lusignan.

— La dame de Madaillan, pour la maison noble de la Salle.

Le chevalier de Mathison.

De Mathison, Sgr de Lescout, défaillant.

Le comte de Mazelières, Sgr de Donasan, non comparant.

Joseph, vicomte de Mazelières, pour la terre de Mazelières.

De Mélignan, pour la Sgrie de Levéze, non comparant.

— Jean de Melignan, Sgr haut justicier de Levéze.

De Mellon, Sgr de la Gautherie, défaillant.

— Joseph de Mérignan, Sgr de Montgaillard.

— Joseph-Denis de Métivier, Sgr de Saint-Paul.

Le sieur de Monier pour la co-Sgrie d'Andiran.

Pierre-Joseph-Auguste comte de Montaut, Saint-Civier, pour le fief de Mounon.

Les dames de Pedesclaux, dames de Bouarnac, non comparantes.

De Perès, Sgr du Pusacq, défaillant.

Guillaume-Urbain de Pereyra de Pachan.

Péricot.

Jean Raffin de Saint-Girons, capitaine d'infanterie.

Jean-André de Rolland, chevalier.

Jacques de Rolland, pour la Sgrie de Lastours.

— Pierre de Roquepiquet (de Gervain), baron de Verteuilh.

— Jean du Roy (Duroy), pour la Sgrie de la Lanne.

Le baron de Saint-Gemme, pour fief en Moncrabeau.

— Demoiselle Bernard de Saint-Lary, pour le fief de Péhille.

Jean-Henri du Sendat.

Le marquis de Tastes, Sgr de la Barthe, défaillant.

Pierre-Salomon, marquis de Vacquier, pour la Sgrie de la Tuque.

Joseph de Vacquier, chevalier.

De Vassal, pour la vicomté de Boulogne, non comparant.

Joseph Vidal-Lisle.

SÉNÉCHAUSSÉE SECONDAIRE DE CASTELJALOUX.

— La dame d'Arblade, veuve Le Veneur, dame du Frandat.

Le baron d'Arboucave, défaillant.

Le Sgr de Bareyre, défaillant.

— Pierre de Beraud d'Ambrus, pour le fief de Leyrix et Dixmede-Saint-Pé.

Joséph de Beraud, chevalier.
— Le duc de Bouillon, duc d'Albret.
François Brocas de Lanauze, pour la maison de Carnine.
Canterac d'Ornezan.
— Emmanuelle-Marie-Anne de Cossé-Brissac, marquise de Pons, pour les terres de Caseneuve, Villandrau, etc.
Crusel de la Bastide.
— Raymond de Crusel, pour la Sgrie de Jautan.
Raymond de Crusel de la Bastide, son frère.
Jean Destrac de Loustannaux.
Jean Duval, pour le fief de la Mothe.
— Joseph Filhot de Chimbaud, Sgr de Lenclave.
Antoine de Gasq.
François de Gasq,
Antoine de Gasq de Brocas fils.
François de Gasq de la Roche (officier de dragons).
Giac de Gerboux, baron de la Grange.
Frédéric-Maurice de Gramont-Villemontés, chevalier, officier au corps royal du génie.
— Isaac Jolli de Bonneau, Sgr de Saurol.
Le chevalier de Labescaut (Lauvergne).
— Les dames Marie-Catherine Lauvergne de Labescaut, pour la baronie de Labescaut.
De la Crosse-Mellet (Lacrosse).
— François de Lacrosse-Sallefranque, lieutenant des maréchaux de France.
— Angénique de Lapeyre, pour la Sgrie de La Lanne.
— Pierre-Jean de Lascazes, Sgr du Péré et du Gellas.
— Gabriel-Barthélemy de la Veyssière de Verdusan, pour fief en Aillas.
— Demoiselle Jeanne de la Veyssière, pour la maison de Capchicot.
Clément du Long (Dulong).
Le comte Marcellus, défaillant.
Le vicomte de Mazelères.
Mérac de Duchaussé.
Honoré de Montesquiou.
Jean-Henri de Morin du Rimbès.
Jean-Henri de Morin du Sendat.
De Morin du Sendat, pour la Sgrie du Rimbès.
Le chevalier de Morin, pour la Sgrie de Bartaut.
— La demoiselle de Morin, pour la Sgrie du Rimbès ou Rimbèze.
Louis-Joseph de Mothes, conseiller au parlement de Bordeaux, pour la maison de la Béziade.
— Le baron de Nouaillan, pour le fief de Bellade.
— Claude-Antoine Plaise, pour la maison noble de Beaupuy.
Le Sgr de Samazan, défaillant.

LISTE DES DÉPUTÉS DES TROIS ORDRES.

AUX ÉTATS GÉNÉRAUX DE 1789.

SÉNÉCHAUSSÉE D'AGEN.

L'Evêque d'Agen (Jean-Louis d'Usson de Bonnac).
Malateste de Beaufort, curé de Montastruc.
De Fournetz, curé de Puy-Miclan.

Le duc d'Aiguillon.
Le marquis de Bourran.
Le marquis de Fumel-Monségur.

Escourre de Peluzat.
Daubert, juge royal.
Renaud, avocat au parlement.
Millet de Bellisle, avocat au parlement.
François, agriculteur.
Terme, cultivateur.
Boussion, docteur en médecine, suppléant.

SÉNÉCHAUSSÉE DE BAZAS.

L'Evêque de Bazas (Jean-Baptiste-Amédée de Grégoire de Saint-Sau-
veur).

De Piis, grand sénéchal.

Saige, avocat.
Lavenüe, avocat à Bordeaux.

SÉNÉCHAUSSÉE DE BORDEAUX.

L'Archevêque de Bordeaux (Jérôme-Marie Champion de Cicé).
Pisson, curé de Valeyrac.
Delage, curé de Saint-Cristoly-en-Blayois.
D'Héral, vicaire général.
Dom Lavaissière, bénédictin, suppléant.

Le Berthon, premier président du parlement.
Le vicomte de Ségur, maréchal de camp.

Le chevalier de Verthamon.
Le président de Lavie.
De Sentout, suppléant.

Fisson-Jaubert, médecin à Cadillac-sur-Garonne.
De Luze de l'Etang, notaire.
Boissonnot, notaire à Saint-Paul en Blayois.
Valentin Bernard, bourgeois.
Nairac, négociant.
La Fargue, ancien consul.
De Séze, médecin.
Gaschet de Lisle, négociant.
Mercier-Terrefort, bourgeois, suppléant.
Lesnier, avocat, suppléant.

SÉNÉCHAUSSÉE DE CASTELMORON-D'ALBRET.

Malartic, curé de Saint-Denis-de-Pille.

Le chevalier de Chalou.

Nau de Bellisle, maire de Castelmoron.
Peyruchaud, avocat en parlement.

SÉNÉCHAUSSÉE DE LIBOURNE.

Touzet, curé de Sainte-Terre,

De Puch de Montbreton.

Dumas-Gontier.
Mestre.

SÉNÉCHAUSSÉE DE NÉRAC.

L'Évêque de Condom (Alexandre-César d'Anteroche).

Le baron de Batz, grand sénéchal.

Brunet de Latuque, juge royal de Puch de Gontaut.
Brostaret, avocat de Casteljaloux.

GOUVERNEMENT MILITAIRE.

GUIENNE.

Le maréchal de Richelieu, gouverneur général.
Le comte de Brienne, commandant en chef.
Le comte de Fumel, commandant en chef de la basse-Guienne.
Le comte d'Esparbès, commandant en second.

Lieutenants généraux.

Le marquis de Conflans.   Le vicomte de Noailles.

Lieutenants de Roi.

De la Devèze.   De Chatillon.
Le marquis de Tauriac.   De Fresne.
Le marquis de Thezan-Poujol.   De Salha.
Le comte de la Serre.   De Picot.
Le marquis de Vignolles.   Le marquis de Verteillac.
Le marquis de Caupenne-d'Amont   De la Verpillière.
Le comte de Marcellus.   Le comte Dumas de Peisac.

Lieutenants des maréchaux de France.

Barret de Ferrand, chevalier de Saint-Louis, à Bordeaux.
Delpy, chevalier de Saint-Louis, à Bordeaux.
Rabar, à Bordeaux.
Journiac de Saint-Méard, à Bordeaux.
De Montbrun, à Libourne.
Le chevalier de Monplaisir, à Clairac.
Mothes de Blanche, chevalier de Saint-Louis, à Agen.
Montratier de Parazols, à Montauban.
Le baron de Bonvilar, à Montauban.
D'Artigues, chevalier de Saint-Louis, à Saint-Sever.
De Fitte de Gariez, à Rivière Verdun.
Le vicomte d'Ustou de Saint-Michel, chevalier de Saint-Louis, à l'Isle-
    Jourdain.
De Medrano père et fils, à Mont-de-Marsan.
Le chevalier de Gissac, chevalier de Saint-Louis, à Vabres.
Le baron de Batz, à Condom.
Le comte de Comminges, chevalier de Saint-Louis, à Auch.
D'Imbert du Bosc, à Rodez.
Benech de l'Epinay, à Bayonne.
De Sallefranque (de Lacrosse), à Casteljaloux.
Le chevalier de Canterac, à Casteljaloux.

De Bernard, baron de Saint-Salvy, à Beaumont.

Le vicomte du Perreau, à Périgueux.

Dispan de Floran, à Saint-Gaudens.

Laroche de la Bigotie (Léon de Pourquery de la Roche de la Bigotie, ancien chevau-léger), à Bergerac.

Gualy, baron de Saint-Rome, à Milhau.

De Faucras de la Neuville, à Milhau.

Le comte de Lahitte, à Grenade.

Le comte de Cardaillac à Figeac.

Le marquis de Mallet du Gravier, à Castillonnès.

Lonjon de la Prade, à Moissac.

Le chevalier Baillet, à Sainte-Foy.

Gouvernements particuliers.

Château Trompette.	Le comte de Fumel, gouverneur.
	D'Anglars de Bassignac, lieutenant de Roi.
	Vincent d'Aubarède, major.
Fort Sainte-Croix.	Le chevalier de Chalon, commandant.
Château du Ha....	Le chevalier Danville, commandant.
Blaye	Le comte d'Apchon, gouverneur.
	De la Mothe, lieutenant de Roi.
	Barbet, major.
Fort Médoc	Le comte de Malet, commandant.
	Du Mirat, major.
Lourdes..	De Maignol, commandant.

PARLEMENT DE BORDEAUX

Présidents.

1766. André-Jacques-Hyacinthe Leberthon, premier président.

1739. Antoine-Alexandre de Gascq.

1749. Louis de Verthamon de Saint-Fort.

1760. Nicolas-Pierre de Pichard de Saucats.

1768. Paul-Marie-Arnaud de Lavie.

1768. Jean-Charles Daugeard.

1770. Jean-Baptiste-Maurice de Verthamon.

Chevaliers d'honneur.

1748. Joseph de Gombaud de Rasac.

1768. Pierre-François de Brach de Montussan.

CONSEILLERS DE LA GRAND'-CHAMBRE.

Jean Dussault, doyen.
Jean-François-Aymard Martin de Lacolonie.
Joseph-Antoine de Cursol.
Gabriel Raymond de Salegourde.
Charles-Ignace Drouilhet de Sigalas.
Jean-Clément Dubergier de Favars.
Jean de Fauquier.
François-Benoît Darche de Lassalle.
Marc-Alexandre Geneste de Malromé, clerc.
Jean-Baptiste-Daniel Desnanots.
Jean-François de Marbotin.
Jean-Luc Darche.
Jean-Baptiste-Raymond de Navarre.
Philippe de Richon.
Joseph de Féger, clerc.
Laurent Duluc.
Jean-Maurice Dussault.
Léonard Paty du Rayet.
Jean-Louis-Henri Delpy de Laroche.
Laurent de Loyac.
Louis-Claude Poquet de Lilette.

Conseillers honoraires.

Léonard-Guillaume de Brivazac.
Geoffroy Leydet.
Jean-Baptiste-Louis de Licterie.
Michel Paty de Bellegarde.
Jean-François de Carrière.
Joseph Duval.
Jean-Joseph de Guyonnet.
Jean-Baptiste-François de Labat de Moncleyron.
Joseph-Ignace Chatard.
Jean Chillaud de Fieux.
Mathieu Prune Duvivier.
Jacques de Conseil.
Philippe-Simon de Rauzan.
Jean de Fonteneil.
Antoine Dumas.
Pierre-Raymond de Lalande.

CHAMBRE DE LA TOURNELLE.

Présidents.

Jacques-Arnaud-Henri Daugeard de Virazel.
André-François-Benoît-Elisabeth Leberthon.

Conseillers.

Pierre-François-Ignace de Labat de Savignac.
Jean-Jacques Pelet.
Jacques Pelet d'Anglade.
François de Lamontaigne.
Claude-Ange Domenge de Pic de Blais.
Pierre-André Durand de Nojac.
Jean-Baptiste-Guillaume de Brivazac.
Joseph-Sébastien de Laroze.
François-Amanieu de Ruat de Buch.
Jean-François de Lascombes.
Jacques-Joseph Dumas de Fonbrauge.
Jean-Martin de Lassalle.
Gabriel Bouquier.
Pierre-Guillaume de Conilh.
Armand-Yves-Jean-Baptiste de Laporte.
Louis-Joseph de Mothes.

PREMIÈRE CHAMBRE DES ENQUÊTES.

Présidents.

Jean-Paul de Loret.
Michel-Joseph de Gourgue de Roallan.

Conseillers.

François-Joseph de Chaperon de Terrefort.
Jean-Baptiste de Lamolère.
Étienne-François-Charles de Jaucen de Poissac.
Joseph Basquiat-Mugriet.
Léonard-Antoine de Castelnau.
Alexis-Jacques-Mathieu de Prune du Vivier.
Pierre-François Duval.
Thibaud-Joseph de Gobineau.
Jean-André de Meslou.
Jean-François-Laurent-Amédée de Marbotin de Conteneuil.
Jean-Joseph de Biré.
Joseph-Marie de Montalier de Grissac.
Gaston-Jean-Baptiste-Joseph de Raignac.
Eléazar de Meslon, clerc.
Thomas Martiens de Lagubat.
Pierre-Martial Reculet de Poulouzat, clerc.
Jean-Baptiste-Joseph Leblanc de Mauvezin.
Pierre-Joseph de Laboyrie.
Pierre-François-Mathieu de Spens-Destignols de Lancre.
Jean-Raymond de Lalande.
Gabriel-Romain de Filhot de Marans.

SECONDE CHAMBRE DES ENQUÊTES.

Présidents.

Martial-François de Verthamon d'Ambloy.
Jean-François de Rolland.

Conseillers.

Hyacinthe-Louis de Barbeguière, clerc.
Pierre de Gères de Loupes.
Jean-Baptiste Dubarry.
Jean-Joseph Laliman (de Lalyman).
Jean de Garat.
François Perès d'Artassan.
Jacques-Joseph de Boucaud.
André-Joseph de Minvielle.
Pierre-Henri Dumas de Laroque.
Jean de Baritault de Soulignac.
Pierre-Jean-Baptiste-Marie Barret.
Gabriel-Barthélemy-Romain de Filhot.
Nicolas-Marie Moreau de Montchenil.
Barthélemy Basterot.
Jean-Baptiste Lynch.
Hyacinthe-Marie-Servidie de Labat fils.
Joseph de Lamourous de Parempuyre.
Arnaud-François-Martin Monsec de Raignac.
François Doudinot de Laboissière, clerc.
Jean-Baptiste Chauvet.

CHAMBRE DES REQUÊTES.

Présidents.

Jean-Jacques-Maurice de Sentout.
J. E. de Bienassis.

Conseillers.

Jean-Baptiste-Valentin de Lorman.
Joseph-François-Hubert Leydet.
Pierre-Nicolas Cajus.
Elie-Jean Chanseaume de Fonroze.
Bernard Roche de la Motte.
Etienne-Hyacinthe de Latouche Gautier.
Martial de Lomenie.
Joseph-Antoine-Elisabeth-Pie de Carrière.

Gens du Roi.

Charles-Marguerite-Jean-Baptiste Mercier Dupaty, avocat général (président de la Tournelle en 1780).
Pierre-Jules Dudon, procureur général.
Elie-Louis Dufaure de Lajarte, avocat général.
François-Armand Saige, honoraire.
De Lalande, avocat général en 1780.
Armand Lafargue, greffier en chef.
Delpech, greffier en chef en 1783.

CHANCELLERIE PRÈS LE PARLEMENT.

Jean Dussault, garde des sceaux.   1785. Cassius.

Secrétaires du Roi.

Guillaume Tennet.
Martin Dufour.
Pierre Cazenave de la Caussade.
Joseph Ménoire.
Nicolas Perès Duvivier.
Claude Leblanc-Nonguès.
Edouard Mac Carthy.

Séguineau.
1784. Margerin.
1785. Soubervie.
1785. Fonfrède.
1785. Aquart.
1787. Mel de Fontenay.
1787. Cornudet (1).

COUR DES AIDES ET FINANCES.

Présidents.

1778. Jean Duroy, premier président.
1739. Nicolas Delmas de Bonrepos.
1764. Joseph-François Duluc.
1769. Guy Ménoire de Beaujeau.
1775. Jean Courtade de Salis.
1779. Jean-Marie Moreau de Saint-Martial.
1749. Jean-Baptiste de Basterot, honoraire.

---

(1) L'État de la magistrature en 1789, p. 177, mentionne parmi les conseillers au parlement pourvus de 1780 à 1789, MM. de Brane; de Pie de Blais; de Castelnau d'Auros; de Bergeron; la Fagerdie de Saint-Germain; la Jaunye; Peyronnet; de Chalup; de Lorman; de Chimbaud; de Maspérier; de Mauvesin; de Casaux; Dubergier de Favars; Voisin de Gartempe; Lassime; Basquiat-Maugriel; Maignol de Mataplane; de Pichard; Sauvat du Poncies; Guillaume Deshors; Durand: de Talhouet.

Chevaliers d'honneur.

Jean de Lagrange.   Léonard Majance de Camiran.

Conseiller d'honneur.

François d'Arche, ancien procureur-général.

Conseillers.

Pierre Lajaunye.
P.-J. Goyon de Verduzan.
Pierre Lafon de Blagnac.
Jean Dussaulx.
Jean Montauzon du Plantier.
L.-J.-B. Limousin.
Pierre Duperrieu.
Louis-Zénon Faget.
Jean-Joseph Navères.
Pierre Lafon.
Joseph-Hyacinthe Majance.
Arnauld de Barbe.
Jean-Baptiste Mandavy.
Jean-Blaise Colombet.
Guillaume Pénicaut.
P. Babiard de Laroche.

Pierre-Hippolyte Leydet.
Joseph Baret de Rivezol.
J. Saint-Martin de la Valée.
Robert Faure.
Jean Vigneron.
Jean Groc, président en 1780.
P.-F. Brethous.
Pierre Ricaud.
Pierre Bouchereau.
J.-Bapt. Fortin.
Dan.-J.-L. Serezac.
Jean-Louis Dezets.
Jean-Joseph Andreau.
Jacques-Antoine de Lartigue.
Jean de Causse.
Jean du Courech de Raquine (1).

Gens du Roi.

Pierre Cayla, avocat général.
Etienne Maignol, procureur général.
Martin Douat, avocat général.

Eugène Jazon du Plantier, greffier en chef.

CHANCELLERIE PRÈS LA COUR DES AIDES.

1766. Groc, garde des sceaux.

Secrétaires du Roi.

Boudet de Monplaisir, à Clérac.   Latour-Féger, aux Chartrons.
Lagrave de Vilatte, à Agen.   Lavau, à Bordeaux.

---

(1) L'*État de la magistrature* en 1789, p. 341, mentionne parmi les conseillers
pourvus de 1780 à 1789, MM. Brillon; Pénicaud; Bolet de Lacaze; Dohet de Boisrond;
Vincent; Drivet; Grangier; Berthoumieu de Meynot; Olanyer; de Tranchère; Dar-
feuille; Bechade; Baylé de Fonpeyre; de la Cour; de Montozon; M. de Laroze, président, et M. Desmoulins de Leybardie, chevalier d'honneur.

Brethous.

De Lamaletie.

Ducasse.

Fulgère.

Dufaure de la Mothe.

Douat.

GÉNÉRALITÉ DE BORDEAUX.

1776. Nicolas du Pré de Saint-Maur, chevalier, maître des requêtes, intendant.

De Bastard (François-Dominique, Sgr de Saint-Denis et des Iles Chrétiennes), grand maître des eaux et forêts de la généralité.

BUREAU DES FINANCES.

Présidents trésoriers de France.

Jean-Pierre Lozes, premier président.

René-François Delbos de Laborde, second président.

Jean de Labrousse Duboffrand, doyen.

Jean-Louis de Baudouin.

Jean-Baptiste Mercié.

Bertrand Pontet de Perganson.

Jacques Legrix, garde scel.

Jean-Patrice Dupuy.

Guillaume-Ignace Bouchereau de Saint-Georges.

Jean de Roullier de Gassies.

Jacques-Pierre Dumas.

Bruno Duffour.

Pierre Després de Launay.

André de Tronquoy.

Auguste de Pelet.

Paul Alefden du Pointon (*aliàs*, Alfen de Boisredon).

Denis de la Faysse de Maisonneuve.

Charles-Marie de Foucault de Beauregard.

Arnaud Dast du Loc.

Alexis de Menoire.

Jacques de Banizette.

François Vigneron.

Jean Brunet de Gombaud, chevalier d'honneur (1).

---

(1) L'*État de la magistrature* en 1789. p. 371. ajoute les noms de MM. Bouchier de Vigneras; Bourg de la Prade; Beanjouan-Duplessis; Duvivier; Berthemieu; Moré; Mouru de la Totte; Gardé. parmi les trésoriers pourvus de 1780 à 1789.

Présidents trésoriers honoraires.

Marc de Chaperon, premier pré-
sident.
De Gals.
Chauvet.
De Commarieu.

De Roullier.
Cholet.
De Mesmeur.
Peyronnet.

Gens du Roi.

Pierre-François Berny, avocat du Roi.
Pierre-Ozée Dublan (du Blanc), procureur du Roi.
Pierre Lamaletie, avocat du Roi.
Paul de Fonfréde, greffier en chef des finances.
Jean-François de Lafrance, greffier en chef du domaine.

PRÉSIDIAL-SÉNÉCHAL DE BORDEAUX.

De Larose, conseiller au parlement, président-présidial, lieutenant-
général, conservateur des priviléges du Roi.
De Maleret, lieutenant criminel.
Dumas, lieutenant particulier.
Lafourcade, assesseur.

Conseillers.

Verdery, doyen.
Buisson.
Rambault.

Seigneuret.
Landrau.

Gens du Roi.

Copmartin, avocat du Roi.
Couleau, procureur du Roi.

Ladoire, avocat du Roi.
Lamaignière, greffier en chef.

PRÉSIDIAL-SÉNÉCHAL D'AGEN.

Le marquis de Castelmoron, grand sénéchal.
1733. De Jacobet, président.
1779. De Lafitte, lieutenant général civil.
1761. De Saint-Phelip, lieutenant général criminel.
1748. Bosc, lieutenant principal.
1772. Uchard, lieutenant particulier.
1775. De Lacuée, assesseur civil et criminel.

De Grosson, doyen.
De Laurens, honoraire.
Chabrière de Foncaude.
Daubas.
De Costas.
De Vigné.

De Beaubens.
Vacqué de Falagret.
Barret de Roux.
Daunac, clerc.
De Lérou.

Gens du roi.

De Martinel, avocat du Roi.
De Boudru, procureur du roi.
De la Boissière, second avocat du Roi,

_____

PRÉSIDIAL-SÉNÉCHAL DE LIBOURNE.

Lemoine, président.
Lemoine-Jeanty, lieutenant général.
Berthomieu, lieutenant criminel.
Decazes, lieutenant particulier.
Limouzin, assesseur.

Conseillers.

Lardière, doyen.
Balatteau de la Feuillade.
Fontémoing.

Gens du Roi.

Fourcaud, premier avocat du Roi.
Bouyer, procureur du Roi.
Piffon, avocat du Roi.
Favereau, avocat du Roi, honoraire.
Durand, greffier en chef.

PRÉSIDIAL DE NÉRAC.

Duroi de Lalanne, président.
De Maselières, lieutenant-général civil.
Bastouilh de Taillac, lieutenant-général criminel.
Sansac de Jeansomon, lieutenant particulier.
Dupuy, conseiller garde-scel.
De Monier, avocat du Roi.
Ferret, greffier en chef.

HOTEL DE VILLE DE BORDEAUX.

Le vicomte de Noé, lieutenant-général des armées du Roi, maire.
Duhamel, vicomte de Castets, lieutenant de maire.
Le comte de Béarn, lieutenant de maire en survivance.

Jurats.

Le chevalier de Rolland, écuyer.
Lemoine, avocat.
Brunaud, fils aîné, écuyer, négociant.
Le baron Dudon.
De Lamontaigne, écuyer, avocat.
Dubergier, écuyer, négociant.

(*Almanach historique de la province de Guienne*, 1780; in-12. — Bibl. imp. Lc. 29-52.)

GRANDS SÉNÉCHAUX.

1769. Marc-Antoine du Périer de Larsan, grand sénéchal du duché de
  Guienne.
De Piis, du Bazadois.
Le comte de Verteillac, du Périgord.
Le marquis de Saint-Alvère, du Quercy.
Le marquis de Damparre, du Rouergue.
Le comte d'Erle, du Nabouzan.
De Gontaut, de Bigorre.
Le baron d'Angosse, d'Armagnac.
Le marquis de Pons, d'Albret.
Le chevalier de Mesmes, du Marsan.
Le marquis de Castelmoron, d'Agenois et Condomois.
Le vicomte de Juillac, des Landes.
D'Urtubie, du pays de Labour.

LISTE DES GENTILSHOMMES

QUI ONT SIGNÉ LE CANEVAS DU MANDAT A DONNER AUX DÉPUTÉS DE LEUR
ORDRE AUX ÉTATS GÉNÉRAUX

20 février 1789.

(Bibl. Sainte-Geneviève. L. 60. 757).

Gauvain de Harcot.
Ch. d'Adhémar.
Le comte de Madronet Saint-Eugène.
De Lasalle Caillau.
Bergeron.
Le chevalier de Verthamon Saint-Fort.
Le chevalier Daniel.
Le chevalier de Savignac.
Le marquis de Mons.
D'Arche Pessan.
Gombault Desbarail.
D'Abadie.
Saint-Angel de Peugerin.
Saint-Angel.
De Sarrau.
Le marquis de Raymond.
De Lacroix.
Lombard.
De Montaigne.
Le vicomte de la Faye.

Le chevalier de Sarrau.
De Biré.
Chevalier de Château-Neuf.
Chevalier de Rousset.
Le chevalier de Lalande.
Le Blanc.
Le chevalier de Solminiac.
Le baron de Vassal.
Rattier de Sauvigniac.
Duperrier de Lislefort.
De Rausan.
Le chevalier de Villeneuve.
Le baron de Villeneuve.
Le chevalier de Verthamont, chef d'escadron au régt de Royal-Piémont.
Lachassaigne.
Durousset.
Baron d'Audebard de Férussac.
De Bacalan.
Ch. de Filhot.
Pressac de la Chassaigne.
Ratier-Dupin.
De Cursol.
Coeffard de Mazerolles.
Ch. Chillaud neveu.
Ch. de Rousset.
La Roque Budos.
Bordes de Fortage.
D'Arche Peissan.
Malvin.
Verthamon Saint-Fort, capitaine au régt de la Reine.
Le chevalier de Sentout.
Le chev. d'Audebard de Férussac.
Lamarthonie.
Monséc de Beignac.

Le marquis de Joigny fils.
Le chevalier de Rolland.
De Malvin.
De Nogaret.
Le chevalier Marbotin.
Delabat (de Labat).
Pontac.
Le chev. de Budos de la Roque.
De Saint-Angel.
De Cadouin.
D'Arche de Lassalle.
Verthamon, capitaine de dragons.
Le chevalier de Saint-Angel.
Calmeilh.
Le chevalier de Calmeilh.
Le chevalier de Rausan.
François d'Audebard.
Le chev. Duvigier (du Vigier).
Delavergne (de la Vergne).
Delage.
Ch. de Gombault-Rasac.
Le chevalier Gaufreteau de la Gorce.
De Chillaud.
Le chevalier Froger de la Rigaudière.
D'Arche de Luxe.
Le vicomte de Verthamon.
Jourgniac.
Galatheau.
Le chevalier de Spens de l'Ancre.
De Sentout.
Ségur de Blaisignac.
Le marquis de Dunes.
D'Adhémar.
Le chevalier de Sarreau.

PARIS — IMPRIMERIE DE DUBUISSON ET Cᵉ, 5, RUE COQ-HÉRON.